现代博物馆
文物保护与管理研究

郭玮玮

著

辽宁人民出版社

ⓒ 郭玮玮　　2024

图书在版编目（CIP）数据

现代博物馆文物保护与管理研究 / 郭玮玮著 .
沈阳：辽宁人民出版社, 2024. 7. — ISBN 978-7-205
-11249-3

Ⅰ. G264

中国国家版本馆 CIP 数据核字第 2024TJ6132 号

出版发行：辽宁人民出版社
　　　　　地址：沈阳市和平区十一纬路 25 号　　邮编：110003
　　　　　电话：024-23284321（邮　购）　024-23284324（发行部）
　　　　　传真：024-23284191（发行部）　024-23284304（办公室）
　　　　　http://www.lnpph.com.cn
印　　刷：辽宁新华印务有限公司
幅面尺寸：170mm×240mm
印　　张：13.75
字　　数：200 千字
出版时间：2024 年 7 月第 1 版
印刷时间：2024 年 7 月第 1 次印刷
责任编辑：高　丹
装帧设计：丁末末
责任校对：李嘉佳
书　　号：ISBN 978-7-205-11249-3

定　　价：60.00 元

前　言

随着时间的流逝，人类历史上留下了众多的文物，这些文物是人类智慧的结晶，是历史长河中的珍贵宝藏。然而，由于各种自然和人为的因素，许多文物遭到了破坏和遗失，这使得文物保护工作变得尤为重要。博物馆作为文物的守护者，承担着保护、传承和展示文物的重任。

《现代博物馆文物保护与管理》一书旨在深入探讨博物馆文物保护和管理的各个方面。从基础理论到实践应用，从风险防控到科技应用，从管理制度到国际合作，本书都进行了全面而深入的探讨。希望通过本书的阐述，使读者能够对博物馆文物保护与管理有更深入的了解，从而推动这一领域的发展。

在撰写本书的过程中，我们尽可能地吸收了国内外博物馆文物保护与管理的最新研究成果和经验，同时结合了一些具体案例和实践操作。希望通过本书，为博物馆从业人员、文物爱好者、研究者以及对文化遗产保护感兴趣的人们提供有价值的参考和启示。

感谢所有参与本书撰写和编辑的人员，感谢他们的辛勤付出和无私奉献。同时，也感谢广大读者对本书的关注和支持。我们期待着与您一起共同探讨和推进博物馆文物保护与管理的发展。

最后，由于时间仓促和编者水平有限，书中难免存在不足之处，敬请广大读者批评指正。

目　录

第一章　现代博物馆的概述与使命

第一节　博物馆的定义与演变

博物馆作为一个汇聚和保存人类文明遗产的重要场所，自诞生之初至今已有数百年的历史。从最初的小型私人收藏室，到如今的大型公共机构，博物馆的定义和形态随着时间的推移也在不断地演变。在今天，博物馆不仅是展示文物的地方，更是教育和研究的重要基地。

一、博物馆的定义

博物馆，这个词源于希腊语，意为"缪斯的神殿"。缪斯是古希腊神话中的艺术女神，代表着文化与知识的追求。博物馆作为收藏、保存、展示和研究人类历史、艺术和科学遗产的重要场所，是人类文明进步的见证者和守护者。

博物馆的定义并非一成不变，而是随着时代的发展而发展。现代的博物馆不仅是一个静态的展示空间，更是一个动态的学习中心。它不仅仅是存放文物的仓库，更是与公众进行交流和互动的平台。

从某种角度看，博物馆是了解一个地方文化和历史的重要窗口。它不仅展示了当地的过去和现在，还为人们提供了一个与历史对话的平台。通过博物馆中的文物，我们可以穿越时空的阻隔，亲身体验历史的风云变幻。这些文物不仅仅是物质的见证，更是地方历史和文化的传承。

从小范围的角度看，博物馆是地方历史的见证者。它收藏和展示了当地的历史文物和文化遗产，为我们提供了一个了解本地历史的窗口。通过博物馆的展览和解说，我们可以更深入地了解自己所在地的历史和文化，增强对家乡的认同感和自豪感。

从更广泛的角度看，博物馆也是维系中华民族团结统一的重要纽带。作为一个拥有悠久历史和文化的民族，中华民族在漫长的岁月中形成了文化认同和共同的价值观念。博物馆作为文化和历史的载体，为人们提供了一个了解和传承中华民族优秀文化传统的平台，有助于增强民族凝聚力和向心力。

除了文化和历史的传承，博物馆在现代社会中也有着越来越重要的休闲功能。随着生活水平的提高和人们文化需求的增加，越来越多的市民选择将参观博物馆作为休闲娱乐的方式之一。在博物馆中，人们可以欣赏到精美的文物和艺术品，感受到历史与文化的厚重底蕴，同时也可以在宁静的环境中放松身心，享受难得的宁静与和谐。

此外，博物馆也是城市文化设施的重要组成部分。作为文化和历史的传承者，博物馆为城市的文化建设和发展做出了积极的贡献。它不仅为市民提供了丰富的文化活动和教育机会，还吸引了大量的游客和外来访客，促进了文化交流和旅游发展。博物馆在人类文化遗存、自然遗存管理方面发挥着不可替代的作用。它是历史的见证者、文化的传承者和市民的休闲场所，为人类文明的发展和进步做出了巨大的贡献。在未来，随着社会的不断进步和发展，博物馆的重要性和价值将更加凸显，其在文化和历史传承中的作用也将更加突出。

二、博物馆的演变

博物馆的历史可以追溯到数千年前。最早的博物馆可以被认为是私人收藏家的藏品室，这些收藏家多为皇室成员或贵族。他们搜集各种珍稀物品，如艺术品、古董和化石，以供自己欣赏和研究。

博物馆这个充满历史与文化底蕴的场所，是人类文明的重要载体。它不仅仅是存放文物的仓库，更是人类记忆和历史的守护者。博物馆是城市、国家乃至文明的历史人文的缩影，它记录了人类从远古到现代的历程，为我们提供了一个了解过去、思考现在和展望未来的平台。

博物馆的出现可以追溯到公元前3世纪的"缪斯神庙"，这是世界上最早的博物馆。随着时间的推移，博物馆逐渐发展壮大，从私人收藏家的藏品室到公共教育机构。随着时间的推移，博物馆逐渐向公众开放。在文艺复兴时期，许多学者和艺术家开始倡导共享知识和文化的重要性，于是博物馆成为公共教育的一部分。进入20世纪，博物馆的规模和类型都得到了极大的扩展，涵盖了自然历史、科技、历史、艺术等多个领域。

在现代社会中，博物馆已经成为城市文化的重要组成部分。它不仅是市民休闲娱乐的场所，更是教育和研究的基地。在这里，人们可以欣赏到世界各地的珍贵文物和艺术品，了解不同文化的特点和历史背景。博物馆通过展览、教育活动和文化交流等方式，为市民和游客提供了一个了解和体验不同文化的平台。

在科技发展的推动下，博物馆的展览和教育方式也在不断革新。数字化、虚拟现实（VR）和增强现实（AR）等技术为观众提供了更加丰富和互动的参观体验。同时，博物馆也越来越注重与社区的合作和参与，成为连接过去、现在和未来的桥梁。博物馆的演变是一个不断发展和变化的过程。它不仅反映了人类对知识和文化的追求，也展现了我们对过去和未来的思考和理解。

在中国，博物馆的发展相对较晚，但也有着悠久的历史和丰富的文化遗产。从最早的博物院到现在的各种主题博物馆、美术馆和科技馆等，中国博物馆事业在不断发展壮大。它们不仅展示了中国丰富的历史文化和自然遗产，还为国内外游客提供了一个了解和体验中国文化的平台。

此外，博物馆还承担着推动文化交流和旅游发展的重要使命。它不仅吸引了大量的国内游客和外国游客，促进了旅游业的发展，还为不同国家和地区之间的文化交流搭建了桥梁。博物馆之间的合作与交流不仅有助于推动文化的发展和传承，还有助于增进国际友谊和相互了解。

第二节 现代博物馆的使命与功能

现代博物馆承载着多重使命。首先，它致力于保护和保存人类的文化遗产，确保这些珍贵的文物得以长久保存，并让后代子孙能够了解和欣赏前人的智慧和创造力。其次，博物馆是教育和学习的场所。通过各种展览、活动和工作坊，博物馆为公众提供了一个深入了解历史、艺术和科学的机会，激发他们的好奇心和求知欲。此外，博物馆还承担着研究的职责，为学者提供研究和探索的平台，推动人类知识的进步。

一、现代博物馆的使命

现代博物馆承载着多重使命，它不仅是文化和艺术的守护者，更是社会进步的推动者。首先，博物馆的使命是保护和保存人类的文化遗产。这些文化遗产包括各种形式的艺术品、历史文物、人类学标本等，它们是人类智慧和创造力的结晶，代表了人类在各个历史时期的文化成就。通过科学的方法和技术，博物馆致力于确保这些文物得到妥善的保存，以避免损坏或遗失。

（一）博物馆肩负着教育的使命

博物馆肩负着重要的教育使命，这是它与生俱来的职责之一。博物馆的教育功能并不仅仅是简单地展示物品，而是通过这些物品，向观众传递丰富的历史文化信息，帮助观众深入理解人类文明的发展历程。

博物馆不仅是展示文物的场所，更是教育和学习的平台。通过展览、教育活动、研讨会和讲座等形式，博物馆为公众提供了一个深入了解历史、艺术和科学的机会。博物馆还为学者和研究人员提供了一个研究和探索的平台，支持他们进行学术研究，推动人类知识的进步。

此外，博物馆还承担着促进文化交流和推动社会进步的使命。通过展示不同国家和地区的历史、文化和艺术，博物馆促进了国际间的文化交流和理解。它帮助人们跨越地域和文化的隔阂，增进相互之间的友谊和合作。同时，博物馆还通过展示社会问题和环境问题等议题，引发公众的思考和关注，推动社会的进步和发展。

1. 博物馆是一个直观的教育场所。与传统的课堂教育不同，博物馆通过实物的展示，让观众亲身体验和感受历史的痕迹。这种直观的教育方式能够激发观众的好奇心，引导他们主动探索和学习。观众可以在博物馆中观察文物的细节，了解它们的制作工艺、历史背景和文化内涵，这种学习方式更加生动、有趣。

2. 博物馆提供了多元化的教育内容。博物馆的藏品涵盖了各个领域，包括历史、艺术、科技等，这些丰富的展览内容为观众提供了广泛的学习资源。博物馆还经常举办临时展览、专题讲座、导览活动等教育项目，以满足不同年龄段和兴趣爱好的观众的需求。这些教育项目通过互动、参与和体验的方式，帮助观众深入了解和掌握知识。

3. 博物馆还具有社会教育的功能。博物馆不仅为个人观众提供教育服务，还为学校、社区和企事业单位等团体观众提供教育活动。通过与学校的合作，博物馆可以将课堂搬到展览现场，为学生提供实践学习的机会。同时，博物馆还承担着公民教育的职责，通过展览和活动传递社会价值观和文化传承的重要性，促进公民素质的提高。

总而言之，博物馆的教育使命是至关重要的。通过直观、多元和社会化的教育方式，博物馆为观众提供了丰富的学习资源和机会，培养他们的思考能力和创造力。在未来，博物馆应继续发挥其教育功能，不断创新和完善教育项目，为培养更多具有综合素质的人才做出贡献。

（二）博物馆肩负着研究的使命

博物馆不仅是一个展示文物的场所，也是一个重要的学术研究机构。博物馆肩负着研究的使命，通过对文物的收藏、保护、展示和研究，推动学术的发展和人类知识的进步。

1. 博物馆是文物收藏的重要基地。博物馆的收藏品包括各种珍贵的历史文物、艺术品和自然标本等，这些文物是研究的物质基础。通过对文物的收藏、整理和研究，学者们可以对不同历史时期的文化、艺术和科技进行深入探索，挖掘其中的历史价值和学术意义。博物馆的收藏品不仅为学者提供了丰富的研究资源，也为学术界提供了宝贵的学术交流平台。

2. 博物馆是文物保护和修复的重要机构。文物的保护和修复是研究的重要内容之一。博物馆通过科学的方法和技术手段，对文物进行保养和维护，以防止其损坏或遗失。同时，博物馆还负责对受损文物的修复工作，通过专业人员的精心修复，让文物得以恢复原貌，为研究提供更为准确的实物资料。

3. 博物馆还积极参与学术研究和合作。博物馆的研究人员与学者、专家等紧密合作，共同开展学术研究和项目。他们利用博物馆的收藏品和资源，进行深入的学术研究，推动相关领域的发展和进步。博物馆还通过举办学术会议、研讨会和讲座等形式，促进学术交流和合作，推动学术研究的创新和发展。

综上所述，博物馆肩负着研究的使命。通过对文物的收藏、保护、展示和研究，博物馆为学术界提供了宝贵的资源和平台，推动学术的发展和人类知识的进步。在未来，博物馆应继续加强学术研究工作，提高研究水平和质量，为人类文明的发展做出更大的贡献。

（三）博物馆的新使命

在新时代背景下，博物馆的角色和使命也正在经历着深刻的变革。它不再仅仅是凝固历史和记忆的场所，而是逐渐演变成欣赏美的殿堂、传播知识的媒介以及公共休闲的场域。更为重要的是，博物馆正成为城市发展中的"文化中枢"，发挥着越来越重要的作用。

随着近年来文创消费意识的觉醒，博物馆已经成为各大品牌争相合作的热门"IP"。人们开始更加重视文化消费和精神追求，将"到博物馆去"视为一种时尚的生活方式。这种变化不仅反映了人们对传统文化的认同和对文化自信的增强，也为博物馆的发展带来了新的机遇和挑战。

故宫博物院作为中国最大的古代文化艺术博物馆，为我们提供了一个绝佳的案例。通过有趣的文创产品、丰富的文化活动以及跨界合作，故宫博物院成功吸引了年轻人的关注，成为"国潮"文化的重要代表。这不仅展现了年轻人对国货、国粹、国风等国字号文化产品的热情，也为博物馆带来了新的发展方向。

作为连接过去、现在和未来的桥梁，博物馆的工作远不止于典藏、展示与研究。它们还需要思考如何更好地与百姓互动，如何让民族文化更好地润养社会。为了实现这一目标，各地的博物馆正在努力提升自身的开放度和黏合度，以提升博物馆的活力，增加其对当代人的影响力。

红色博物馆作为中国现代博物馆体系中的重要组成部分，也正成为市民日常出游的热门选择。这些博物馆通过革命文物、旧址和实物等珍贵的历史遗存，展现了革命者英勇无畏的革命精神和爱国情怀。这些红色博物馆如同一把把点亮光明的火炬，照亮了中国革命历史中的红色足迹。

对于红色博物馆来说，文物馆藏的数量就是红色能量的积蓄。这些珍贵的文物不仅是我们民族的宝贵财富，更是我们传承历史和文化的重要载体。通过深入研究、精心策划和广泛传播，红色博物馆在传承红色基因、弘扬革命精神方面发挥着不可替代的作用。

在新的征程上，博物馆的功能与价值正在不断延展，它们正经历着新的诠释和解读。作为连接过去、现在与未来的桥梁，博物馆需要不断地创新和发展，以满足当代人对文化和历史的追求。只有通过不断地与时俱进，博物馆才能在新时代中继续发挥其独特的作用，为人类文明的发展和进步做出更大的贡献。

二、现代博物馆的功能

现代博物馆具有多种功能，以满足不同受众的需求。首先，博物馆是文化和艺术的展示中心。通过展览，博物馆向公众呈现了人类在各个历史时期的文化成果。这些展览不仅包括艺术品的展示，还包括历史文物的陈列和人类学标本的搜集。博物馆通过精心策划的展览，让观众能够亲身体验和感受到人类文化的丰富多样。

现代博物馆的功能在很大程度上延续了传统博物馆的功能，即收藏、保护、研究和展示文物。作为文化的守护者和传承者，博物馆致力于搜集、保护和保存各种文物，包括艺术品、历史文物、自然文物等。同时，博物馆还承担着研究文物背后的历史、文化和科学知识，为社会提供学术支持和参考。这些传统功能在现代博物馆中得到延续和发展。

（一）博物馆是教育和学习的场所

现代博物馆拓展了教育和社会服务的功能。许多博物馆开设了教育项目和活动，为学校和社区提供了学习和研究资源。通过组织文物讲座、讲解和工作坊等形式，博物馆不仅能够向公众普及知识，还能够培养人们的艺术欣赏能力和创造力。同时，博物馆也积极参与社会公益活动，如举办慈善义卖、支持教育和环保项目等，发挥了社会服务的作用，为社区的发展做出贡献。

博物馆的教育功能不仅仅局限于对文物的展示，还包括为观众提供丰富的学习资源和教育活动。博物馆的教育项目可以根据不同年龄段的观众进行设计，提供互动式的体验和学习机会。通过讲座、研讨会、导览活动和动手实践等方式，博物馆能够激发观众的好奇心和求知欲，培养他们的批判性思维和创造力。

（二）博物馆还具有休闲娱乐的功能

随着人们生活水平的提高和对于文化需求的增加，博物馆已经成为人们休闲娱乐的重要场所之一。在这里，人们可以欣赏精美的艺术品和文物，感受历史与文化的厚重底蕴，同时也可以在宁静的环境中放松身心，享受难得的宁静与和谐。博物馆通过提供多样化的活动和体验，满足了人们在休闲娱乐中对于知识和文化追求的需求。

随着社会的快速发展和人们审美需求的变化，博物馆的功能也在不断扩展和创新。现代博物馆不仅仅是文物的展示场所，更是一个文化与艺术的交流平台。许多博物馆开始举办各种主题展览、艺术展览和交流活动，吸引了更多的观众和参与者。这些展览和活动不仅展示了博物馆的收藏和研究成果，还与观众互动，促进了文化、艺术和科学的普及和传播。

然而，现代博物馆在功能演变的过程中也面临着一些挑战。首先是资金和资源的问题。博物馆的收藏和保护需要大量的人力、物力和财力的投入，而这些资源的获得和分配并不容易。博物馆在发展新功能时，需要解决资金和资源的问题，确保原有功能的正常运行和发展。

另外，博物馆还面临着观众需求多样化和体验式参观的压力。随着科技的进步和社会的发展，观众对博物馆的期望也在不断提高。传统的静态展览形式已经无法满足人们的需求，观众需要更加互动、体验式的参观方式。因此，现代博物馆需要不断创新，整合现代科技和多媒体技术，打造更加丰富多样的展览和参观体验，吸引更多的观众。

第三节　文物保护的重要性

文物保护是现代博物馆的核心使命之一。文物是历史的见证，是人类文明的载体。它们不仅具有极高的艺术价值，还蕴含着丰富的历史信息和科学知识。保护文物就是保护我们的根和魂，确保我们能够从过去的智慧中汲取养分，更好地面对未来。然而，随着时间的流逝，许多文物因各种原因遭受损坏或遗失。因此，博物馆的工作者们不断努力，采用各种先进的技术和方法来延长文物的寿命，让它们能够长久地传承下去。通过公众教育、科技应用、合作交流等多种途径，现代博物馆正在努力确保文物的安全和持久保存，为后世子孙留下宝贵的精神财富。

一、传承历史文化

文物是历史的见证，是前人智慧和创造的结晶。通过保护文物，我们能够将历史和文化传承下去，让后人了解和认识自己的文化根源，从而更好地传承和发展文化。文物的价值并不仅仅在于它们的物质性，更在于它们所承载的历史和文化信息。这些信息是人类文明的重要组成部分，通过保护和传承这些文物，我们能够将历史和文化一代一代地传递下去。

（一）文物是历史的见证

每一件文物都记载着一段历史，反映了当时的社会、文化、科技、艺术等方面的状况。通过研究这些文物，我们可以了解过去的人们是如何生活、工作和思考的，这对于我们理解自己的文化根源和历史背景至关重要。

（二）文物是文化的重要载体

文化是一个民族、一个国家独特的价值观、信仰、习俗等的体现。文物作为前人智慧和创造的结晶，承载了丰富的文化信息，是我们认识和传承自己文化的重要途径。通过保护和传承文物，我们可以更好地传承和发展自己的文化，增强民族自豪感和凝聚力。

（三）文物是艺术的重要载体

许多文物都是艺术品，反映了当时的审美观念和艺术风格。保护和传承这些文物，有助于我们理解当时的艺术发展水平和艺术家的创造力，对于我们的艺术创作和研究也有很大的启示和帮助。

总之，文物的保护和传承对于传承历史文化至关重要。通过保护和传承文物，我们可以更好地了解自己的历史和文化，增强民族自豪感和凝聚力，同时也可以促进艺术的发展和创新。因此，我们应该高度重视文物的保护和传承工作，让历史和文化在我们手中得以延续和发展。

二、维护国家安全

一些文物是重要的国家宝藏，其价值不可估量。保护好这些文物，能够维护国家的安全和利益，防止珍贵文物流失或被盗，它还与国家安全紧密相关。一些文物，由于其特殊的价值，被视为国家的宝藏。这些宝藏不仅仅是物质的价值，更重要的是它们所承载的历史、文化和民族认同的意义。

保护国家宝藏是维护国家安全和利益的重要一环。一些珍贵的文物可能包含有重要的历史信息，涉及国家的核心利益。如果这些文物流失或被盗，不仅会导致国家历史文化的损失，还可能对国家的安全和利益造成威胁。因此，保护好这些文物，实际上是在维护国家的安全和利益。

防止珍贵文物的流失和盗窃也是文物保护的重要任务。在国际文物走私和盗窃的背景下，一些不法分子可能会对珍贵文物进行盗窃和走私，这不仅会导致文物的流失，还会对国家的经济和文化造成损失。因此，文物保护部门需要采取有效的措施，加强文物的监管和保护，防止文物的流失和盗窃。

文物保护还能够促进国际合作和交流。在一些国际合作项目中，文物可以作为交流的媒介，促进不同国家和民族之间的文化交流和理解。通过文物的交流，人们可以更好地了解彼此的历史和文化，增强相互之间的信任和友谊，从而促进国际合作和交流。

三、促进旅游业发展

保护好文物能够吸引更多的游客前来参观，从而促进旅游业的发展。旅游业不仅能够增加经济收入，还能够带动相关产业的发展，创造更多的就业机会。文物的保护不仅对文化和历史的传承至关重要，同时也对旅游业的发展起到了积极的推动作用。这是因为，文物作为历史的见证和文化的载体，具有极高的观赏价值和教育意义，能够吸引大量的游客前来参观。

保护好文物意味着能够为游客提供一个更为丰富和有深度的旅游体验。当游客参观保存完好的历史遗址或博物馆时，他们不仅能够欣赏到美丽的艺术品和珍贵文物，还能够深入了解一个地方或民族的历史和文化。这种深度的旅游体验能够增强游客的满意度，提高他们对于旅游目的地的评价和口碑，从而吸引更多的游客前来。

旅游业的发展对经济收入和就业机会的创造具有显著的影响。旅游业是一个庞大的产业链，涉及交通、餐饮、住宿、零售等多个领域。随着游客数量的增加，这些相关产业也会得到发展，从而创造更多的经济收入和就业机会。特别是在一些以旅游业为主要产业的地区，文物保护对当地经济的稳定和发展尤为重要。

文物的保护还有助于提升城市的形象和知名度。当一个城市的文物得到有效保护并得到广泛宣传时，它会在游客心目中留下深刻的印象，成为旅游目的地的知名品牌。这种品牌的效应不仅能够吸引更多的游客，还能够提升城市的国际形象和知名度。

四、增强民族凝聚力

文物是一个民族的文化根基，保护好文物能够增强民族凝聚力。通过了解和欣赏本民族的文物，人们能够更好地认识和认同自己的文化，从而增强民族自豪感和凝聚力。文物不仅仅是一件件具体的物质遗产，它们更是一个民族、一个国家深厚历史与文化的结晶。这些静默不语的物件，承载着民族的记忆、情感和信仰，是连接过去与现在、传承与创新的纽带。因此，保护好文物对于增强民族凝聚力具有深远的意义。

文物是一个民族的文化根基，它们见证了一个民族的历史变迁和文化发展。通过文物，我们可以触摸到祖先的智慧和创造力，感受到民族文化的独特魅力和价值。这种与历史的连接，能够激发人们的民族自豪感和认同感，增强他们对本民族文化的尊重和珍视。了解和欣赏本民族的文物，是人们认识自己文化的重要途径。文物中蕴含着丰富的历史信息和文化内涵，通过深入研究和学习，我们可以更好地了解自己的文化根源、传统价值观和民族精神。这种对文化的深入了解，有助于人们形成共同的文化认知和价值观念，从而增强民族的凝聚力和向心力。文物的保护还能促进民族文化的传承与创新。在保护和传承文物的过程中，我们不仅要尊重历史、保持传统，还要结合时代需求进行创新和发展。通过这种方式，我们可以让民族文化在新时代焕发出新的活力和魅力，吸引更多的人关注和参与民族文化的传承与发展。

五、推动学术研究

文物是学术研究的重要资料，通过对文物的深入研究和分析，可以揭示历史上的许多秘密和未解之谜，推动学术的进步和发展。

（一）文物是历史的直接记录

它们可以为我们提供关于古代社会、文化、科技、艺术等方面的第一手资料。通过研究文物，我们可以了解古代人的生产方式、生活方式、思维方式以及文化传统等，这对历史研究和文明研究具有重要的意义。

（二）文物中可能隐藏着许多未解之谜

例如，古代文字的解读、艺术风格的演变、科技发明的起源等问题，都需要通过对文物进行深入研究和分析才能得到解答。这些研究不仅可以填补历史的空白，还可以为学术研究提供新的思路和证据。

（三）文物的保护和研究有助于推动相关学科的发展

例如，考古学、历史学、艺术史、人类学等学科都需要借助文物来进行研究。通过文物的保护和研究，这些学科可以得到进一步的发展和完善，推动学术的进步和发展。

六、促进国际交流

文物是一种国际语言，不同国家和民族之间可以通过文物进行交流和互动。保护好文物能够促进国际间的文化交流和互动，增强国际影响力和文化软实力。文物不仅是一个国家或民族的宝贵遗产，更是全人类共同的财富。它们跨越时空的限制，成为不同文化和国家之间交流的桥梁。保护好文物，不仅是对本民族文化的尊重和传承，更是对国际交流与合作的积极推动。

（一）文物是国际交流的重要媒介

通过文物的展示和交流，人们可以跨越语言和文化的障碍，更好地理解和欣赏彼此的历史与文化。这种交流不仅能够增强国际间的相互了解和友谊，还能够促进不同国家和民族之间的合作与共同发展。

（二）文物的保护和国际交流是提升国家形象和文化软实力的重要手段

一个国家如果能够向国际社会展示自己丰富的文物和文化遗产，将有助于提升其在国际舞台上的影响力和地位。同时，通过积极参与国际文物交流与合作，还能够引进国外先进的文物保护理念和技术，提升自己在文物保护领域的水平。

（三）文物具有极高的经济价值

一些珍贵的文物在国际市场上备受追捧，成为收藏家和投资者竞相追逐的对象。这种文物的国际贸易不仅能够带动相关产业的发展，还能够为国家创造可观的经济收入。

总之，文物的保护对于促进国际交流具有重要的意义。通过文物的展示和交流，人们可以更好地了解彼此的历史和文化，增强国际间的相互了解和友谊。同时，文物的保护和国际交流也是提升国家形象和文化软实力的重要手段。因此，我们应该高度重视文物的保护工作，并积极推动国际文物交流与合作，让文物在促进国际交流中发挥更大的作用。

七、培养审美意识

文物具有极高的艺术价值，通过欣赏和研究文物，人们能够培养审美意识和艺术鉴赏能力，提高自身素质和修养。文物更是艺术的瑰宝，每一件文物都蕴含着前人的智慧和创造力，展现了不同时代和文化的独特魅力。通过欣赏和学习文物，人们能够培养审美意识和艺术鉴赏能力，提高自身素质和修养。

（一）文物是美的典范

无论是精美的陶瓷、华丽的织锦，还是巧夺天工的玉器，每一件文物都展现出独特的美感和艺术价值。通过欣赏这些文物，人们可以培养对美的感知和理解，提高自己的审美水平。

（二）文物是艺术创作的灵感源泉

许多艺术家从文物中汲取灵感，将古代的艺术元素融入到自己的创作中，创造出具有时代特色的新作品。这种跨越时空的艺术交流和融合，有助于推动艺术的发展和创新。

（三）文物的保护和研究有助于培养人们的文化素养和历史意识

通过对文物的学习和了解，人们可以更好地认识和了解自己的文化根源，增强对历史的敬畏和尊重。这种对文化和历史的关注，有助于提高人们的文化素养和综合素质。

总之，文物的保护对于培养审美意识和提高自身素质具有重要意义。通过欣赏和学习文物，人们可以培养对美的感知和理解，提高自己的审美水平和艺术鉴赏能力。同时，文物的保护和研究也有助于培养人们的文化素养和历史意识，提高自身素质和修养。因此，我们应该重视文物的保护工作，让更多的人有机会接触和了解文物，从中获得美的享受和心灵的滋养。

八、留存城市记忆

文物是一个城市或地区的宝贵记忆，保护好文物能够留存城市的历史和文化，让人们更好地认识和了解自己的家园。每一件文物都与特定的时间和地点紧密相连，记录着城市或地区的历史变迁和文化发展。

（一）文物是城市历史的重要组成部分

文物见证了城市的兴起和发展，记录了城市在各个历史时期的政治、经济、文化和社会状况。通过了解和欣赏文物，人们能够更好地认识自己的城市，了解其历史背景和文化特色。

（二）文物是城市文化的象征

文物反映了城市的文化传统和价值观，是城市精神的重要组成部分。保护好文物，就是保护城市文化的传承和发展。这种文化的传承和发展，有助于增强人们对城市的认同感和归属感。

（三）留存城市记忆对于城市规划和建设具有重要意义

通过对文物的保护和研究，我们可以更好地了解城市的历史和现状，为城市的规划和建设提供重要的历史依据和参考。这种基于历史和文化的城市规划和建设，有助于打造具有特色和个性的城市形象。

总之，文物的保护对于留存城市记忆具有重要意义。通过保护好文物，我们能够留存城市的历史和文化，让人们更好地认识和了解自己的家园。同时，文物的保护也有助于城市的规划和建设，打造具有特色和个性的城市形象。因此，我们应该重视文物的保护工作，让文物在留存城市记忆中发挥更大的作用。

第二章　博物馆文物保护的基本原则与方法

第一节　文物定义与分类

文物是人类社会活动留下的具有历史、艺术、科学价值的遗迹和遗物。这些遗物和遗迹可以是重要的实物、艺术品、文献、手稿、图书资料、代表性物品等，也可以是古墓葬、古建筑、石窟寺、石刻、壁画、近现代重要史迹及代表性建筑等。它们不仅记录了人类的历史发展，也反映了不同时期的文化、艺术、科技和社会生活。

文物主要分成两种：可移动文物和不可移动文物。

一、可移动文物

可移动文物，顾名思义，是指那些能够轻易移动并便于携带的历史文化遗产。这类文物通常体积较小，易于搬运和保管，是人类历史长河中留下的珍贵见证。可移动文物的种类繁多，涵盖了艺术品、文献、手稿、图书资料等多个领域。

在这些可移动文物中，根据其历史价值、艺术水平、科学意义以及珍稀程度等因素，又可以分为珍贵文物和一般文物两大类。珍贵文物往往具有极高的历史、艺术和科学价值，数量稀少，是研究历史和文化的重要实物资料。而一般文物虽然价值相对较低，但同样是人类历史文化的重要组成部分，对于了解过去的社会生活、文化传承等方面具有重要意义。

值得一提的是，一般文物中又可以细分为不同等级，其中一级文物是较为重要的一类。一级文物在一般文物中具有较高的历史、艺术和科研价值，是研究某一历史时期、地域文化或专题领域的重要实物。这些文物通常具有较为完整的历史信息和独特的艺术风格，是博物馆、图书馆等文物收藏机构的重要藏品。

总的来说，可移动文物是人类历史文化的重要载体，它们以实物的形式记录了人类社会的发展历程和文明成果。通过对这些文物的深入研究和分析，我们可以更好地了解历史和文化，为今天的文化传承和发展提供宝贵的借鉴和启示。

二、不可移动文物

不可移动文物与可移动文物形成鲜明对比，是指那些深深扎根于某一特定地点，由于各种原因，如体积、结构、位置等，而不易或无法移动的文物。这类文物以其固定的地理位置和深厚的历史文化背景，成为我们了解和研究历史的重要窗口。

古墓葬作为不可移动文物的重要组成部分，是我们探寻古人生活、信仰、文化等方面的重要线索。它们不仅保存了古代人类的遗体，还常常伴随着丰富的随葬品，为我们提供了宝贵的历史信息。每一座古墓葬都是一部活生生的历史书，等待着我们去解读。

古建筑则是古代人类智慧的结晶，体现了当时的建筑技艺和审美观念。无论是巍峨的宫殿、庄重的寺庙，还是精巧的民居，都以其独特的建筑风格和精湛的工艺，让我们领略到古代建筑艺术的魅力。同时，古建筑也是研究古代社会制度、文化传承等方面的重要实物资料。

石窟寺、石刻和壁画等不可移动文物，同样以其独特的形式和内容，为我们展现了古代人类的精神世界和艺术才华。石窟寺中的佛像、壁画等，不仅具有极高的艺术价值，还是研究古代宗教、文化等方面的重要资料。石刻则以其独特的材质和雕刻技艺，成为古代书法、雕刻艺术的珍贵载体。而壁画则以其生动的画面和丰富的内涵，为我们展现了古代人类的生活场景和社会风貌。

总的来说，不可移动文物以其固定的地理位置和深厚的历史文化背景，成为我们了解和研究历史的重要载体。它们以实物的形式，记录了人类社会的发展历程和文明成果，为我们提供了宝贵的历史信息和艺术瑰宝。保护好这些不可移动文物，对于传承和弘扬中华民族优秀文化具有重要意义。

此外，文物保护单位还可以根据保护级别分为全国重点文物古迹、省级文物古迹和县（市）级文物古迹。这些级别的划分主要是基于文物的历史重要性、艺术价值、科研价值以及保护状况等因素。

第二节　文物保护原则

文物保护是一项至关重要的工作，它关乎着人类的历史记忆、文化传承和科学研究。在进行文物保护时，需要遵循一系列的基本原则，以确保文物的完整性、真实性和历史价值得到最大程度的保护和传承。

一、文物保护应遵循"保护为主、抢救第一、合理利用、加强管理"的方针

文物保护作为一项关乎历史记忆、文化传承和科学研究的重要任务，必须遵循明确的指导原则。其中，"保护为主、抢救第一、合理利用、加强管理"的方针，不仅为文物保护工作提供了明确的方向，也为文物工作者提供了行动指南。只有在这样的方针指导下，我们才能更好地保护和传承人类的历史文化遗产，为后人留下更加真实、完整的历史记忆。同时，这也需要每一位文物工作者和相关人员，以高度的责任感和使命感，共同努力，推动文物保护事业不断向前发展。

（一）"保护为主"强调了文物保护的核心地位

"保护为主"不仅仅是一个简单的指导原则，它更是对文物价值的深刻认识和尊重。文物是人类历史的见证，它们承载着无数代人的智慧和努力，是我们与过去对话的桥梁。因此，将保护置于所有文物工作的首位，是对这些无价之宝的最高致敬。

"保护为主"意味着我们必须时刻保持警惕，防止文物受到任何形式的损害。在日常的维护工作中，我们需要定期检查文物的保存状态，及时修复任何可能出现的损坏。同时，我们还需要制定详细的修复计划，对于已经受损的文物进行专业的修复工作，以尽可能地恢复其原貌。

除了日常的维护和修复工作，我们还需要通过科学的管理来确保文物的安全。这包括制定严格的管理制度，明确文物的保管责任，防止文物被盗或丢失。同时，我们还需要对文物进行定期的检查和评估，以确保它们的保存状态良好。

在面对资源分配和决策时，"保护为主"原则要求我们必须优先考虑文物的保护需求。这意味着我们需要为文物保护工作提供充足的资金和技术支持，确保文物得到充分的关注和保护。同时，我们还需要加强与政府、社会各界以及国际组织的合作，共同推动文物保护事业的发展。

"保护为主"是对文物价值的深刻认识和尊重，它要求我们在所有的文物工作中，始终以保护为核心任务，确保文物的完整性、真实性和历史价值得到最大程度的保护和传承。只有这样，我们才能让后人继续从这些珍贵的文物中汲取智慧和力量，让它们继续在人类历史的长河中闪耀光芒。

（二）"抢救第一"体现了对濒危文物的紧急关注

"抢救第一"这一原则在文物保护中占据着至关重要的地位，它凸显了对濒危文物的特殊关注和紧急行动的重要性。濒危文物作为历史的珍贵见证，承载着丰富的文化信息和历史记忆，一旦消失，将是不可挽回的损失。

这些濒危文物可能因各种原因而面临严重破坏或消失的风险，如自然灾害、战争破坏、盗窃、非法交易等。它们的状况可能十分危急，需要立即采取行动以防止进一步的损害。因此，"抢救第一"原则要求我们在面对这些濒危文物时，必须迅速、果断地采取行动，尽最大努力进行抢救和保护。

抢救濒危文物需要投入大量的资源和专业的技术支持。这包括资金、人力、技术和设备等各方面的投入。可能需要进行专业的评估、监测、修复和保护工作，以确保文物的安全和稳定。同时，还需要与相关部门和社会各界进行紧密合作，共同为抢救濒危文物提供支持和帮助。

在抢救濒危文物的过程中，我们还需要注重科学性和可持续性。抢救工作必须遵循科学的原则和方法，确保文物的保护和修复工作科学、合理、有效。同时，我们还需要考虑文物保护的可持续性，确保抢救工作不仅能够解决当前的危机，还能够为未来的文物保护工作提供有益的借鉴和经验。

"抢救第一"原则体现了对濒危文物的紧急关注和重视。在文物保护工作中，我们必须时刻关注濒危文物的状况，采取迅速、果断的行动进行抢救和保护。只有这样，我们才能最大限度地保护这些珍贵的文物，让它们继续为后人见证历史、传承文化。

（三）"合理利用"强调了文物资源的价值实现

"合理利用"这一原则在文物保护中扮演着至关重要的角色，它强调了文物资源不仅应被珍视和保护，更应被有效地利用起来，以实现其历史、文化和教育价值。文物的价值并非仅仅局限于它们所代表的过去，更在于它们能够启发现在和未来的思考和创造。

"合理利用"首先意味着我们需要将文物资源融入社会生活中，通过各种方式让公众接触到这些珍贵的文物。展览是一种常见且有效的方式，通过将文物呈现在公众面前，使观众能够亲身感受到文物的魅力和价值。同时，我们还可以通过举办讲座、研讨会等活动，邀请专家学者对文物进行深入研究，分享他们的见解和发现，从而增强公众对文物的认知和理解。

此外，"合理利用"还包括利用文物资源开展教育活动。学校、博物馆等机构可以通过组织学生们参观文物展览、参与文物保护项目等方式，让学生们亲身感受到文物的魅力和价值，培养他们的文物保护意识和历史责任感。同时，这些活动也有助于将文物保护的理念传递给更广泛的社会群体，形成全社会共同参与文物保护的良好氛围。

在"合理利用"的过程中，我们还需要注重平衡文物保护和利用的关系。文物资源的利用必须建立在保护的基础上，确保文物在得到合理利用的同时不会受到损害。因此，在利用文物资源时，我们需要制定科学、合理的计划和方案，确保文物的安全和完整。

"合理利用"原则强调了文物资源的价值实现和社会效益。通过合理利用文物资源，我们不仅可以实现其历史、文化和教育价值，还可以增强公众对文物保护的意识和参与度，推动文物事业的持续发展。同时，我们也需要注重平衡文物保护和利用的关系，确保文物在得到合理利用的同时得到充分的保护。

（四）"加强管理"是确保文物安全和完整的必要手段

"加强管理"作为确保文物安全和完整的必要手段，在文物保护工作中占据着至关重要的地位。管理不仅仅是日常的维护和保管，更是一种对文物资源的全面、系统和科学的配置与利用。通过加强文物管理，我们不仅能够确保文物的物理安全，还能够有效预防和应对各种潜在的风险和威胁。

日常管理是文物安全的基础。这包括定期对文物进行检查、保养和修复，确保它们处于良好的保存状态。同时，我们还需要建立严格的文物保管制度，明确文物的保管责任和流程，防止文物被盗、损坏或流失。这些日常管理工作虽然琐碎，但却是确保文物安全的第一道防线。

对文物资源的合理配置和利用也是管理的重要内容。文物是珍贵的文化遗产，我们应该充分利用这些资源，推动文物事业的发展。然而，在利用文物资源的过程中，我们必须遵循科学的原则和方法，确保文物的安全和完整。这意味着我们需要制定详细的文物利用计划，明确利用的目的、方式和时间，确保文物得到合理利用而不会受到损害。

加强文物管理还需要我们建立完善的文物信息系统。通过信息化手段，我们可以对文物资源进行全面的登记、分类和归档，实现文物信息的数字化管理。这不仅可以提高文物管理的效率和准确性，还可以为文物研究和利用提供便捷的数据支持。

加强文物管理还需要我们加强与政府、社会各界以及国际组织的合作。文物保护是一项需要全社会共同参与的事业，我们需要与政府部门加强沟通协作，争取更多的政策支持和资源投入。同时，我们还需要与社会各界建立广泛的合作关系，共同推动文物事业的发展。此外，我们还应该积极参与国际文物保护交流与合作，学习借鉴国际先进经验和技术手段，提高我国文物保护工作的水平和影响力。

"加强管理"是确保文物安全和完整的必要手段。通过加强日常管理、合理配置和利用文物资源、建立文物信息系统以及加强合作与交流等措施，我们可以确保文物得到妥善保管和有效利用，为后人留下更加珍贵和完整的文化遗产。

二、文物保护应坚持"不改变文物原状"的原则

文物保护的核心原则之一是"不改变文物原状"，这一原则在文物保护和修复工作中具有至关重要的意义。它要求我们在进行文物保护和修复时，必须尊重文物的原始状态和历史信息，不得随意改动或破坏文物的结构和外观。这一原则的实施，不仅有助于保持文物的真实性和历史价值，更是对后人了解历史的真实面貌的负责。

"不改变文物原状"的原则，首先体现在对文物原始状态的尊重。文物作为历史的见证，其原始状态和历史信息是反映当时社会、文化、技术等方面的重要依据。因此，在进行文物保护和修复时，我们必须尽可能保持文物的原始状态，不得随意改动或破坏其结构和外观。这需要对文物的材质、工艺、风格等方面进行深入研究，确保保护和修复工作的科学性和准确性。

"不改变文物原状"的原则，还体现在对历史信息的保留。文物所蕴含的历史信息，是我们了解历史的重要途径。在进行文物保护和修复时，我们必须尊重并保留这些历史信息，不得随意改动或删除。这需要我们运用专业的技术和手段，对文物进行全面的调查和研究，确保保护和修复工作不会损害文物的历史信息。

"不改变文物原状"的原则，有助于保持文物的真实性和历史价值。文物作为历史的见证，其真实性和历史价值是不可替代的。只有坚持"不改变文物原状"的原则，我们才能确保文物的真实性和历史价值得到最大程度的保留和传承。这不仅有助于我们更好地了解历史，也为后人留下了更加珍贵和真实的文化遗产。

三、文物保护还需要遵循"最小干预"原则

文物保护的"最小干预"原则，是文物保护工作中的又一重要指导准则。它强调，在进行文物保护和修复的过程中，应尽可能地减少对文物本身的干预，以避免由于不必要或过度的干预而对文物造成的潜在损害。这一原则体现了对文物原始状态和历史信息的尊重，同时也要求文物保护工作者在保护实践中具备深厚的专业知识和技能。

"最小干预"原则的实施，首先要求文物保护工作者在充分了解和评估文物现状的基础上，制定科学合理的保护和修复方案。这些方案应旨在最大限度地保留文物的原始状态和历史信息，同时确保文物的安全和稳定。在实施过程中，应优先采用那些对文物影响最小的干预手段，如微妙的物理调整、专业的化学处理等，以确保文物在得到保护的同时，其历史真实性和完整性不被破坏。

"最小干预"原则还要求文物保护工作者在干预过程中保持高度的谨

慎和精确。每一次的干预都应该是必要的、有针对性的，并且必须经过充分的论证和测试。在实施干预时，应使用先进的科学技术手段，如无损检测、数字化模拟等，以确保干预的准确性和有效性。同时，还需要对干预过程进行详细的记录和监测，以便为未来的保护和修复工作提供参考和借鉴。

"最小干预"原则要求我们在进行文物保护和修复时，应尽可能地减少对文物的干预，采用科学的方法和技术进行精确的干预。这既是对文物价值的尊重，也是对文物保护工作专业性和科学性的体现。通过遵循"最小干预"原则，我们可以更好地保护文物的真实性和历史价值，为后人留下更多珍贵的文化遗产。

四、文物保护还应遵循"可识别性"原则

文物保护中的"可识别性"原则，是确保文物历史真实性和完整性的重要保障。这一原则要求在进行文物保护和修复时，对于任何新增或改变的部分，都应明确地标识出来，使其与原有部分有所区别。这样做不仅有助于我们保留和展示文物的历史信息，还能够防止后人被误导，更加准确地了解文物的真实面貌。

遵循"可识别性"原则，文物保护工作者需要在保护和修复过程中采取一系列措施。首先他们应对文物进行详细的调查和评估，了解文物的原始状态和历史信息。在此基础上，制定保护和修复方案时，应明确标注出哪些部分是新增或改变的，并在实施过程中采用特殊的工艺和材料，使其与原有部分形成明显的区别。

文物保护工作者还需要在修复过程中保留原始材料和工艺的痕迹。这些痕迹是文物历史信息的重要组成部分，对后人了解文物的制作过程和历

史变迁具有重要意义。因此，在修复过程中，应尽可能保留这些痕迹，并在必要时进行标识和说明。

为了让后人能够更加方便地识别和了解文物的历史信息，文物保护工作者还可以在修复过程中使用现代技术手段进行辅助。例如，可以利用数字化技术对文物进行三维扫描和建模，将文物的原始状态和历史信息以数字化的形式保存下来，供后人查阅和研究。同时，还可以在修复过程中使用特殊的标识和说明牌，对新增或改变的部分进行明确的标注和解释。

通过遵循"可识别性"原则，我们可以更好地保留和展示文物的历史信息，确保后人能够准确地了解文物的真实面貌。同时，这也体现了我们对文物保护工作的高度负责和尊重。

五、文物保护还需要注重环境因素的考虑

在文物保护工作中，环境因素是不可或缺的重要考量。文物并非孤立存在，它们所处的环境直接关系到其保存状态与耐久性。因此，在保护过程中，我们必须全面考虑环境因素对文物可能产生的各种影响，并据此采取相应的保护措施。

对于易受自然因素侵蚀的文物，如木质建筑、纸质文献等，防水、防潮、防晒等措施至关重要。长时间的潮湿环境可能导致木材腐朽、纸张霉变；而强烈的紫外线照射则可能加速纸张老化、褪色。因此，这些文物通常需要被安置在恒温恒湿的环境中，并配备专业的防水防潮设施和遮阳设备，以确保其能够在最佳状态下保存。

同时，对于那些易受人为因素破坏的文物，如艺术品、雕塑等，加强安保措施同样重要。这包括设置监控摄像头、安装报警系统、制定严格的访问制度等，以防止盗窃、损坏等不法行为的发生。此外，加强公众教

育，提高大众对文物保护的意识和责任感，也是减少人为破坏的重要手段。

除此之外，环境因素还包括空气质量、光照条件、土壤酸碱度等诸多方面。这些因素都可能对文物的保存状态产生影响，因此在文物保护工作中也需要予以充分考虑。例如，对于金属文物，空气中的污染物可能导致其表面氧化、腐蚀；对于埋藏在地下的文物，土壤酸碱度的变化可能对其材质造成损害。针对这些问题，我们需要采取相应的保护措施，如定期清洁文物表面、调整环境湿度和温度、使用特殊材料进行保护等。

第三节　文物保护技术与方法

文物保护技术是一门综合性的专业知识，它涉及文物制作、保护以及与防治有关的科学技术、材料性能、操作工艺和各种勘察、检测等方面。这门技术主要关注如何通过各种手段来保护文物，防止其受到自然和人为因素的破坏。

一、文物保护技术注重环境因素的考虑

文物保护技术确实非常注重环境因素的考虑。文物所处的环境往往对其保存状态和历史价值产生深远影响。在文物保护工作中，对环境因素的全面考虑和应对是至关重要的一环。

首先，自然环境因素如温度、湿度、光照、降水等都会对文物的保存产生显著影响。过高的温度会导致文物材料老化加速，湿度过大则可能引

起文物发霉、腐朽等问题。紫外线辐射和强烈的光照会导致文物褪色、材料脆弱。因此，防水、防潮、防晒等保护措施在文物保护工作中是必不可少的。通过合理调节博物馆或文物保存场所的温度、湿度，使用遮阳设施、防水材料等，可以有效减缓文物受到自然环境侵蚀的速度。

其次，人为环境因素也不容忽视。文物在展示、运输和保存过程中，可能面临人为破坏、盗窃等风险。因此，加强安保措施、安装监控设备、制定严格的保护制度，对于确保文物安全至关重要。此外，参观者的触摸、呼吸等也会对文物造成微小的影响，因此，在博物馆等展示场所，通常会有专门的保护措施和提示，以减少人为因素对文物的潜在威胁。

同时，环境因素还包括土壤、空气质量、地质条件等。对于地下或露天保存的文物，如古墓葬、石窟寺等，土壤酸碱度、地下水位、空气质量等因素都可能对其保存状态产生影响。因此，在进行文物保护时，需要对这些因素进行详细的调查和评估，并采取相应的保护措施，如土壤改良、排水处理、空气净化等，以确保文物在最佳状态下保存。

二、文物保护技术包括防护技术和修复技术两个方面

文物保护技术包括防护技术和修复技术这两个重要的方面，它们各自承担着不同的任务并共同致力于文物的长期保存。

（一）防护技术

防护技术是文物保护的首要任务，主要目的是预防文物受到进一步的损害。这涉及多个方面：

1. 环境控制：确保文物保存在稳定的环境中，避免极端的温度、湿度变化，以及有害的光照和紫外线辐射。这通常通过在博物馆或保存设施中安装恒温恒湿系统、遮光窗帘和紫外线滤镜来实现。

2. 防虫害与防污染：采取措施防止害虫（如昆虫、啮齿类动物等）侵蚀文物，同时防止空气中的污染物（如二氧化硫、氮氧化物等）对文物造成损害。这包括定期检查和清洁文物，以及使用防虫剂和空气净化器。

3. 防灾备灾：为文物制定防灾计划，以应对火灾、水灾、地震等自然灾害。这包括安装火灾报警系统、防水设施和抗震结构，以及定期进行灾害演练和培训。

4. 安全保护：加强文物的安保措施，防止盗窃和非法交易。这包括安装监控摄像头、报警系统，以及制定严格的安全管理制度。

（二）修复技术

当文物受到损害时，修复技术就显得尤为重要。修复技术旨在恢复文物的原貌，尽可能保留其历史和文化价值。这包括：

1. 诊断与评估：对文物进行详细的检查和评估，确定损害的类型、程度和原因。这通常借助先进的科技手段，如X光、红外线、显微镜等。

2. 清洗与加固：使用专门的清洁剂和工具，去除文物表面的污渍、尘埃和附着物。同时，采用加固材料和技术，增强文物的结构稳定性。

3. 修复与复制：根据文物的损害情况，采用适当的修复方法，如粘补、拼接、重塑等。对于无法修复的部分，可能需要进行复制或重建。

4. 后期保养：修复完成后，对文物进行后期保养和维护，确保其处于良好的保存状态。这包括定期检查、清洁和防护处理。

综上所述，防护技术和修复技术是文物保护技术的两个核心方面。防护技术主要着眼于预防文物损害的发生，而修复技术则侧重于在损害发生后进行恢复和补救。两者相辅相成，共同构成了文物保护技术的完整体系。

三、文物保护技术还涉及材料科学、化学、物理学等多个学科的知识

例如，在文物保护过程中，需要使用各种特殊的材料和化学试剂来保护和修复文物，这就需要文物保护工作者具备相关的材料科学和化学知识。文物保护技术确实是一个跨学科的领域，它深入融合了材料科学、化学、物理学等多个学科的知识。这些学科为文物保护提供了丰富的工具和方法，使得文物能够得到更为精确和有效的保护。

在材料科学方面，文物保护工作者需要了解不同材料的性质、特点和用途。例如，对于金属文物，他们可能需要使用特殊的合金材料来加固和修复；对于纸质文物，他们可能需要选择适合的纸张和黏合剂来进行修复。此外，他们还需要了解材料在不同环境条件下的稳定性和耐久性，以便为文物创造最佳的保存环境。

化学在文物保护中也扮演着重要的角色。文物保护工作者需要利用化学原理和方法来清除文物表面的污渍、锈迹和腐蚀物。他们可能需要使用各种化学试剂来与污渍发生反应，从而将其去除。同时，他们还需要了解化学试剂对文物材料的影响，确保所使用的化学试剂不会对文物造成损害。

物理学在文物保护中则提供了许多无损检测和分析的方法。文物保护工作者可以利用超声波、X射线、核磁共振等技术来探测文物的内部结构、材质和损伤情况。这些技术不仅可以帮助他们更好地了解文物的状况和结构，还可以为后续的修复工作提供重要的参考依据。

除了上述学科的知识外，文物保护技术还需要涉及生物学、地质学、环境科学等多个领域的知识。例如，对于埋藏在地下的文物，文物保护工

作者需要了解土壤和地下水的性质，以便制定合适的保护措施。同时，他们还需要关注环境中的微生物和昆虫等生物因素，防止它们对文物造成损害。

第四节 文物保护的科学原理

一、物理、化学与生物过程

文物保护的科学原理主要涉及物理、化学与生物过程，这些过程在文物的保存、保护和修复中起着至关重要的作用。

（一）物理过程在文物保护中扮演着关键角色

物理过程在文物保护中确实扮演着至关重要的角色。文物的保存状态和结构稳定性直接受到多种物理因素的影响，这些因素包括温度、湿度、光照、振动、电磁辐射等。这些物理因素的变化，可能导致文物的物理性质发生改变，进而造成文物的损坏或变形。

温度是影响文物保存的重要因素之一。过高的温度可能导致文物材料的老化加速，而温度的剧烈波动也可能引起文物的变形和开裂。因此，在博物馆和文物保存设施中，通过合理的空调系统和恒温设备，控制并稳定环境温度，是保护文物的重要手段之一。

湿度也是影响文物保存的关键因素。过高的湿度可能导致文物发霉、腐朽，而过低的湿度则可能引起文物材料的脆化。因此，博物馆和保存设施通常配备有湿度控制系统，以保持文物保存环境的湿度在适宜范围内。

光照也是文物保护中需要考虑的物理因素之一。强烈的光照和紫外线辐射可能导致文物褪色、材料脆弱。因此，博物馆在展示文物时，通常会使用遮阳设施、调整灯光强度和色温，以减少光照对文物的潜在威胁。

除了这些基本的环境控制手段，物理手段在文物的无损检测和结构分析中也发挥着重要作用。例如，超声波技术可以用于探测文物内部的空洞、裂缝等损伤情况；X射线技术则可以用于分析文物的材料成分和结构。这些物理手段的应用，不仅可以帮助我们更好地了解文物的内部结构和损伤情况，为后续的修复工作提供重要参考，而且可以在不损坏文物的前提下，获取关于文物的丰富信息。

通过合理控制环境因素、应用物理手段进行无损检测和结构分析，我们可以更好地保护和修复文物，延长其保存时间，让更多的人能够欣赏到人类的文化遗产。同时，这也需要文物保护工作者具备深厚的物理知识和技术，以应对文物保护工作中可能出现的各种物理问题。

（二）化学过程在文物保护中同样重要

化学过程在文物保护中同样扮演着至关重要的角色。文物材料，无论是金属、纸张、木材，还是其他材质，在长时间的保存过程中，都会受到环境中化学因素的影响。这些化学因素可能来源于土壤、空气、水源等，包括酸、碱、盐、氧化剂、还原剂等。这些化学物质会与文物材料发生反应，导致文物的腐蚀、变色、损坏等。

为了有效保护文物，文物保护工作者需要深入研究和了解这些化学过程，利用化学原理和方法，选择合适的化学试剂和材料进行文物的清洁、加固和修复。例如，对于金属文物，可能需要使用适当的化学试剂去除其表面的锈迹和污渍，同时使用保护剂防止进一步的氧化和腐蚀。对于纸质文物，可能需要使用特殊的化学试剂进行纸张的加固和修复，以恢复其原始状态。

　　然而，文物保护工作者在选择和使用化学试剂时，必须非常谨慎。因为某些化学试剂可能会对文物材料造成损害，加速文物的老化或引发其他不良反应。因此，他们需要对所使用的化学试剂进行充分的测试和评估，确保其不会对文物造成负面影响。

　　此外，文物保护工作者还需要密切关注文物在保存过程中的化学变化。通过定期的检查和监测，他们可以及时发现文物的损坏情况，并采取相应的措施进行干预和修复。这需要他们具备深厚的化学知识和实验技能，以便能够准确判断和处理文物所面临的化学问题。

　　文物保护工作者需要利用化学原理和方法，选择合适的化学试剂和材料进行文物的清洁、加固和修复，并密切关注文物在保存过程中的化学变化。这不仅能够保护文物的原始面貌和历史价值，还能为我们提供更多关于文物制作和保存技术的宝贵信息。

（三）生物过程也对文物保护产生着影响

　　生物过程对文物保护的影响不容忽视。文物在长时间的保存过程中，常常面临微生物、昆虫等生物因素的侵害。这些生物会在文物表面或内部生长繁殖，对文物造成实质性的损害。例如，一些微生物会分泌酸性代谢物，导致文物材料被腐蚀；而昆虫则可能直接啃食文物，造成物理性破坏。

　　为了有效应对生物因素对文物的影响，文物保护工作者需要具备丰富的生物学知识。他们需要了解哪些微生物和昆虫可能对文物造成威胁，以及这些生物在何种环境条件下容易繁殖。基于这些信息，他们可以采取相应的措施进行防治。

　　一方面，文物保护工作者可以使用防虫剂来防止昆虫对文物的侵害。这些防虫剂通常含有对昆虫具有驱赶或致死作用的化学物质，可以有效地减少昆虫对文物的破坏。同时，他们还需要定期检查文物保存环境，确保没有昆虫滋生。

另一方面，保持文物的清洁也是防止微生物侵害的重要措施。文物表面附着的灰尘、污渍等杂物，往往成为微生物滋生的温床。因此，文物保护工作者需要定期清洁文物表面，去除这些杂物，并使用适当的消毒剂进行处理，以防止微生物的生长繁殖。

除了以上措施，文物保护工作者还需要关注文物的保存环境。一些环境因素如湿度、温度等，对微生物和昆虫的生长繁殖具有重要影响。因此，他们需要通过控制这些因素，创造一个不利于生物侵害的环境条件。文物保护工作者需要了解生物因素对文物的影响，并采取相应的措施进行防治。这包括使用防虫剂、保持文物清洁以及控制保存环境等。通过这些措施，可以有效地减少生物因素对文物的侵害，保护文物的完整性和历史价值。

二、环境因素与文物保护

随着全球环境变化的加剧，环境质量已逐渐成为影响各行各业发展的关键因素，甚至被视为衡量社会发展程度的重要指标。在文物保护工作领域，环境条件对文物保存的完整性具有至关重要的影响。这种影响不仅体现在文物的外部环境中，更深入到文物的内部空间。自然因素如温度、湿度、光照和空气中的污染物，以及人文因素如人为破坏和不当管理，都在深刻影响着文物的保存状态和价值。

面对日益恶化的环境质量和人为破坏的威胁，文物保存的现状令人担忧。为确保这些无价之宝得以安全、完整地传承下去，相关行业及从业人员必须高度重视文物保护工作。我们需要加大关注力度，深入研究环境变化对文物保存的具体影响，并采取切实有效的措施来解决当前存在的问题。只有这样，我们才能更好地推动文物保护工作的有序开展，为后代留下宝贵的历史文化遗产。

（一）自然环境因素对文物保护的影响

1. 大气污染会阻碍文物保护工作的推进

在文物保护工作中，自然因素中的大气污染对文物造成的破坏尤为显著。大气污染主要由酸雨、粉尘和其他污染物组成，这些因素不仅增加了文物保护的难度，还使得文物的保存状况日益恶化。其中，酸雨的破坏力尤为强大，它含有多种风险因素和严重的破坏因子，导致文物的腐蚀程度和速度不断加剧。

酸雨的形成主要源于大气中的二氧化硫、氧化氮和硫化氢等酸性气体。这些气体不仅对金属文物造成严重损害，还会影响纤维类、皮革类、纸质和玻璃类文物。以金属文物为例，一座位于日本京都国立博物馆门前的青铜雕像，在酸性气体的侵蚀下逐渐发黑，甚至在雨后渗出绿色液体，显示了酸雨对文物的破坏力。同时，玻璃类文物也深受其害。着色的玻璃文物常作为欧洲教堂的装饰物，但近数十年来，由于其中的氧化物成分无法在玻璃中均匀分散，导致玻璃内部发生不均匀的化学反应，进而开裂损毁。

为了应对大气污染对文物保护的威胁，我们需要采取更加有效的措施来减少大气污染物的排放，加强文物保护环境的监测和管理，以及研发和应用更加先进的文物保护技术。只有这样，我们才能更好地保护这些珍贵的文物，让它们的历史价值和文化意义得以传承和发扬。

2. 酸雨污染会阻碍文物保护工作的推进

大理石作为许多文物的主要成分，尤其在雕刻和古建筑中占据重要地位，然而它却极易受到酸雨的侵害。酸雨中所含的物质会与大理石发生化学反应，导致文物整体结构遭受严重损害。以著名的乐山大佛为例，受酸雨影响，其风化侵蚀速率不断加快，石刻本体损坏日益严重。酸雨的影响不仅限于文物表面，当酸雨降落并渗入地底时，其中的氮化物和硫酸物质还会导致土壤发生酸化反应，从而改变土壤的酸碱度，对地下文物如青铜器和铁器等造成重大破坏。

在全球范围内，酸雨对文物的破坏案例不胜枚举。自20世纪50年代以来，希腊工业快速发展，雅典作为其主要城市和人口中心，大气环境逐渐恶化，空气中充满了二氧化硫、氧化氮等酸性成分。这导致雅典的雨水偏酸性，对古希腊时代建造的石质古建筑和巴赫农神庙造成了极大破坏。此外，类似受酸雨侵蚀破坏的文物还出现在世界各地，如我国北京的明代碑文，在酸雨的侵蚀下，其字迹已无法辨认，充分显示了酸雨对文物不可逆转的损害。

这些案例警示我们，必须高度重视酸雨等大气污染对文物的影响，并采取切实有效的措施来减少污染物排放、改善环境质量。同时，加强文物保护工作，运用先进科技手段对文物进行修复和保护，以确保它们的历史价值和文化意义得以传承。

3. 粉尘污染会影响壁画和雕像保护工作的推进

粉尘物质由于其细小的颗粒特性，对文物中的壁画和雕像等造成严重影响。这些文物的表面往往存在微小的缝隙，而粉尘能够轻松渗入其中，对壁画和雕刻造成污染。长时间的粉尘沉积不仅影响文物的视觉效果，还会逐渐破坏壁画的黏合力，导致表面褪色和脱落现象。

以敦煌莫高窟为例，经过半个多世纪的保护观测和反复试验，专家们发现粉尘是导致壁画脱落和彩塑受损的重要原因之一。莫高窟地处干旱、降水稀少且风沙频繁的地理环境，这使得粉尘成为其主要威胁之一。目前，莫高窟已有超过一半的壁画和彩塑出现损毁问题。环境观测调查显示，敦煌莫高窟及其周边区域的年降尘量高达365.4吨/平方公里，其中

83%的粉尘由呈棱角状、次棱角状的细小沙粒组成。这些沙粒在气流推动下四处分散，一方面对窟内壁画和塑像表面造成磨蚀，另一方面则侵入壁画及彩塑颜料的缝隙，导致龟裂现象。更为严重的是，当粉尘积累到一定程度时，还会对壁画颜料层、白粉层产生外推力，最终可能导致颜料层、白粉层乃至整个壁画的大面积脱落。

这些案例表明，粉尘对文物的破坏不容忽视。因此，我们需要采取切实有效的措施来减少粉尘污染，如加强环境保护、改善空气质量、定期清理文物表面的粉尘等。同时，也需要加强文物保护工作，运用科技手段对文物进行修复和保护，以确保它们的历史价值和文化意义得以传承。

4. 水污染会影响地下文物保护的推进

二氧化硫这种气体在与地表水接触后，不仅会渗透进地下水源，造成地下水体的严重污染，而且在这个过程中，水体中还含有酸、碱等不同的污染物质。这些污染物质通过循环排放的形式，导致污水大面积扩散，对地下文物造成不可逆的破坏。这种破坏不仅影响了文物的保存状态，还给文物的挖掘和保护工作带来了重重阻碍，使得文物的储藏价值和开发价值不断下降。

具体来说，二氧化硫与水体中的其他污染物质相互作用，可能形成酸雨或酸性水体，这些酸性物质对地下文物中的石质、金属等材质造成腐蚀和破坏。同时，污染水体的扩散也可能导致文物被淹没或浸泡在污水中，进一步加剧文物的损坏。

因此，我们需要高度重视二氧化硫等气体对地下水体的污染问题，采取有效措施减少二氧化硫的排放，并加强地下水体的监测和保护工作。同时，在文物保护方面，也需要加大投入力度，运用科技手段对受损文物进行修复和保护，以尽可能减少污染对文物造成的损害。这样才能更好地保护我们的文化遗产，让它们的历史价值和文化意义得以传承和发扬。

5. 辐射会加速文物表面的老化

辐射对文物的影响不容忽视，它会加速文物表面的老化过程，增加文物的损坏程度，并严重影响其保存时间。在众多辐射中，紫外线的破坏力尤为强大，对文物造成的损害也最为显著。

在光环境下，纺织文物受到辐射的影响，其颜色和质地都会发生相应的变化，呈现不断减弱的状态。长时间的紫外线照射不仅会导致纺织文物褪色，还会使其质地变得脆弱。同时，文物中的纺织物品的强度和柔韧性也会大幅下降，严重影响其保存和展示效果。

此外，阳光中不仅含有紫外线，还有蓝光。蓝光能够激发空气中的一氧化碳和碳氢化合物，经过光学反应，生成一些具有强腐蚀力的污染物质，如有机醛类等。这些污染物质会对文物造成潜在的损害，使其在不知不觉中受到破坏。

因此，为了保护文物免受辐射的损害，我们需要采取一系列措施。首先，要减少文物暴露在紫外线下的时间，避免长时间直接阳光照射。其次，可以使用防紫外线材料进行文物的包装和展示，以减少紫外线的影响。此外，还应定期对文物进行检查和维护，及时发现并处理文物受损的问题。

通过这些措施的实施，我们可以更好地保护文物，延长其保存时间，让更多的人能够欣赏到这些珍贵的历史遗产。

6. 温度与湿度会使文物保护工作受到影响

温度和湿度是文物保护工作中最为关键的环境因素。当空气中湿度较高时，尤其是对于具有较强吸湿性的文物，如纸质资料，它们容易吸水过量，导致膨胀、纤维弯曲和变形。在湿度过高的环境下，文物还容易遭受霉变和虫蛀，这对于被虫类侵蚀的文献史料或其他文物资料的修复是极为困难的，因此会造成巨大的文物损失。此外，文物若长时间处于湿度忽高忽低的环境中，纸质纤维会因为无法适应这种变化而出现湿涨或干缩，从而缩短文物的寿命。

此外，环境温度的变化也会对文物产生显著影响。在高温环境下，纤维文物的老化速度会加快，化学纸浆的分解速度也会提高，导致纸质或木质文物发生明显变化，削弱其保护强度。而当文物经历快速且频繁的温度变化，如从冷气状态到一般气温的转换，不同材质之间会因热胀冷缩而产生应力，加速文物的衰变。

以云冈石窟的壁画为例，其颜料层的粉化现象就是湿度和温度变化的直接结果。云冈石窟位于湿度较高的地区，当外界气温高于洞内气温时，空气中的水蒸气会在壁画表面冷凝成水。这些水分会导致壁画表面产生褶皱和面积变化，长时间下来，壁画颜色变淡，颜料层因膨胀而脱落。这充分说明了温度和湿度对文物保护工作的重要性。

因此，为了有效保护文物，我们必须严格控制博物馆内的温度和湿度，确保它们处于稳定且适宜的范围内。同时，对于不同类型的文物，还需要根据其特性采取相应的保护措施，最大程度地减少环境因素对文物造成的损害。

（二）人为因素对文物保护的影响

1. 噪声污染导致文物开裂

随着社会经济的发展和生活水平的提高，噪声污染问题日益严重。这些高强度的噪音不仅会产生震动效应，还可能通过一系列连锁反应加剧其破坏作用。这种现象对文物保护工作构成了显著的障碍。以我国的一些古墓群为例，这些珍贵的文物往往位于受噪声和震动影响的区域。这些影响主要来源于人为活动，如附近区域的工程建设。在这些工程中，大型工程机械设备的频繁使用，其产生的机械震动对文物古迹的保存构成了巨大的挑战。

为了有效应对这一问题，我们需要采取一系列措施。首先，应加强对噪声和震动的监管和控制，限制工程建设中使用的大型机械设备对文物古迹的影响。其次，应提高公众对文物保护的意识，鼓励人们减少产生噪声的行为。同时，对于已经受到影响的文物古迹，应加大保护和修复力度，尽可能恢复其原貌。

2. 光学污染加速文物老化或氧化

在文物保护工作中，博物馆的照明体系是一个关键因素。照明系统及其产生的光学环境，与文物材料的分子结构相互作用，可能导致光化学反应，加速文物的老化和氧化。为了评估照明情况对文物保护的影响程度，光线的波长成为一个重要的衡量标准。

不同波长的光线，如紫色光和红色光，对文物保护的影响程度和方面各不相同。然而，它们有一个共同点，那就是都可能导致文物色泽的逐渐暗淡甚至掉色。紫色光由于其高能量，可能对文物造成更严重的损害，而红色光虽然能量较低，但长时间照射也可能对文物产生累积影响。

在选择博物馆的照明系统时，需要充分考虑光线波长对文物的影响。使用适当波长的光线，以及控制光照强度和时间，都是减少光化学反应损害、保护文物的重要措施。同时，定期检查和修复文物，以及采用防紫外线等保护措施，也是确保文物长期保存的关键。

3. 文物旅游行业的过度开发对文物保护具有不良影响

随着我国旅游业的快速发展，文物古迹的旅游热度持续上升，这无疑为我国的经济发展注入了新的活力。然而，这一现象同时也带来了文物破坏程度的加剧。在旅游过程中，一些游客的行为缺乏自我约束，导致文物受损。

据统计，我国现有约2000座博物馆和1500多万件馆藏文物，这些都是中华民族的宝贵遗产。但旅游业的繁荣使得以文物为主题的旅游项目层出不穷，游客数量也大幅增加。特别是在节假日和旅游旺季，高强度的客流量给文物古迹的保护带来了巨大挑战。此外，文物古迹所处环境的特殊性以及部分游客保护意识不强，都使得文物的保护形势更加严峻。

例如，在参观石刻等古建筑时，一些游客乱涂乱画，这不仅破坏了文物的原始风貌，也降低了其历史价值。同时，由于人数众多，游客呼吸产生的酸性气体浓度升高，加速了石刻文物的腐蚀过程，导致剥落和褪色现象的发生。在推动旅游业发展的同时，我们必须高度重视文物古迹的保护工作。通过加强宣传教育，提高游客的保护意识；制定严格的文物保护法规，规范游客行为；加大投入力度，改善文物保存环境等措施，共同守护我们的宝贵遗产。

（三）开展文物保护工作的策略

1. 建立健全管理制度体系

从文物保护工作的实际情况来看，文物保护单位在调适自然和人为条件的过程中确实存在一些不足，这已成为阻碍文物保护工作顺利开展和有序推进的关键因素之一。为了应对这一挑战，文物保护单位必须建立健全管理制度体系，确保文物保护制度能够充分发挥其约束和指导功能，为当前的文物保护工作提供更科学、更有效的保护。

首先，实施分工制与责任制至关重要。文物保护单位应明确维护和修复工作的具体责任人，确保每项任务都有人负责。对于未能履行职责的工作人员，应采取适当的惩戒措施，以维护制度的严肃性和文物保护工作的专业性。

其次，细化文物环境的管理标准同样重要。文物保护单位应根据文物的实际情况和保护目标，制定科学合理的保护标准。这不仅包括对不同类型文物（如纸质类、金属类、皮革类、玻璃类等）的特定保护条件，还应对文物保存环境进行精细化管理，如温湿度控制、光照条件等，以确保文物在最佳状态下得到保护。

此外，加强人员培训和技术支持也是提升文物保护工作水平的关键。文物保护单位应定期组织培训活动，提高工作人员的专业技能和保护意识。同时，积极引进先进技术和设备，为文物保护工作提供有力支持。

总之，通过建立健全管理制度体系、明确责任分工、细化管理标准以及加强人员培训和技术支持等措施，文物保护单位可以更有效地应对自然和人为因素对文物保护工作的影响，确保文物得到科学、有效的保护。

2. 加强环境污染治理力度

要提高文物保护的成效并确保环境治理工作的高效性，我们必须采取科学化的解决方案。

首先，各相关单位和管理部门需要建立紧密的合作体系。通过深入研究和分析，我们可以做出更加完善和深入的决策。同时，各单位部门应发挥其平衡协调的能力，以改善文物环境并控制环境污染的程度。

其次，组织管理部门应采取规范化的管理机制，严格控制文物所在地污染物的排放量。我们必须特别关注强腐蚀性物质，以避免对文物造成损害。此外，水污染问题也不容忽视。我们必须确保文物保护区域的水文环境符合保护要求。为解决水污染问题，我们需要采取科学且实质性的方法措施，构建有效的污水治理系统，并设立水资源保护区域。同时，对于工厂排放的污水和农业用水污染问题，我们需要加强监督和严格控制，确保其符合国家规定的标准。

最后，针对噪音污染问题，我们可以利用消声器等专业设备来降低噪音分贝，以免对文物造成干扰和破坏。在文物保护区域内，应禁止大型工程施工建设，以避免因噪声过大而产生的震动效应对文物造成损害。

3. 注重文物保护区保护

在文物保护工作中，对文物保护区及其周边区域的管理和监督同样至关重要，这是确保文物状态不受影响、整个文物所在区域得到完整保护的关键。由于不同文物所处的环境各异，我们必须根据具体情况采取不同的保护措施，以确保文物保护的有效性。

当文物所在环境的生态破坏较为严重时，可以采取诸如种植树木、建立生态保护区域等措施来改善生态环境，维持文物环境的稳定与协调。这些做法不仅有助于文物的长期保存，还能提升文物保护区的整体生态环境质量，为游客提供一个更加宜人的参观环境。

对于特定的文物类型，如石刻文物，我们需要特别关注其所处区域的酸碱环境。由于石刻文物容易受到酸碱环境的影响而发生腐蚀，因此，我们需要采取有效措施来改善环境，例如调节土壤酸碱度、减少酸雨等因素的影响。同时，为了控制游客对文物环境的影响，我们还需要对游客进入文物所在区域进行适当的管理和限制，以减少人为因素对文物的潜在损害。

4. 提升专业人员的从业素质

随着现代科技的不断进步，传统工艺与新时代技术的结合为文物保护工作带来了革命性的提升。各种文物的特性和保护需求各异，因此，技术应用也需要灵活调整，以适应不同文物的保护需求。而技术的实施和应用，离不开专业人才的支撑。

这就要求从事文物保护工作的相关人员不仅要有扎实的专业技能，还需要不断提升自身的业务素质、职业素养和工作态度。只有专业技能达标、对文物保护工作有深厚热爱和高度责任感的从业人员，才能确保文物保护工作的质量和完整性。同时，为了降低人才流失的概率，我们还应该为从业人员提供良好的工作环境、合理的薪资待遇和广阔的职业发展空间。

此外，加大文物保护工作的宣传力度也至关重要。通过广泛的宣传和教育，我们可以增强公众对文物保护的意识和参与度，形成全社会共同关注和支持文物保护的良好氛围。同时，合理配置和优化文物保护任务，确保责任意识能够落实到每一个相关人员的思想中和行动上，也是提升文物保护工作成效的关键。

三、材料稳定性与持久性

文物的保护，不仅涉及文物的修复和保存，更与材料的稳定性与持久性息息相关。在文物保护工作中，所使用的材料需要具备长期的稳定性和持久性，以确保文物能够得到持久的保护，并尽可能地延长其保存时间。

（一）材料稳定性对文物保护的影响

1. 防止文物进一步损坏：使用稳定的材料可以避免文物受到进一步的化学或物理损伤。例如，某些不稳定的材料可能会与文物发生化学反应，导致文物变质或损坏。

2. 保持文物原貌：稳定的材料可以确保文物在长时间内保持其原始状态，不会因为材料的老化或变形而改变文物的外观或结构。

（二）材料持久性在文物保护中的重要性

1. 长期保护效果：持久的材料可以确保文物得到长期的保护，不会因为材料的失效而导致文物再次受损。这对于长期保存的文物来说尤为重要。

2. 减少维护成本：使用持久性强的材料可以减少对文物的频繁维护和修复，从而降低文物保护的成本。

（三）选择适当的保护材料

在文物保护工作中，应根据文物的特性和保护需求选择合适的保护材料。例如，对于易氧化的金属文物，可以选择使用具有抗氧化性能的保护材料；对于纸质文物，可以选择使用具有防潮、防霉功能的保护材料。

　　此外，随着科技的不断进步，新型的、具有更好稳定性和持久性的材料也在不断涌现。因此，文物保护工作也应与时俱进，积极采用新型的保护材料和技术，以便更好地保护我们的文化遗产。

第三章　博物馆文物的风险管理与预防措施

第一节　文物面临的威胁与风险

　　博物馆安保目标的设定，是出于对博物馆内部珍贵展藏品、参观者以及馆舍设施安全的全面考量。这三大目标相互关联，共同构成了博物馆安保工作的核心。展藏品的安全无疑是首要任务，因为每一件文物和艺术品都承载着丰富的历史和文化信息，它们的完好保存对于人类文化传承至关重要。同时，观众的人身和财物安全同样不容忽视，博物馆作为公共文化场所，必须确保每一位参观者在享受文化之旅的同时，也能感受到安全的环境。此外，馆舍及其内部设施的安全也是安保工作的重要组成部分，它们的稳定运行不仅关系到博物馆的正常运营，更是展藏品和观众安全的重要保障。因此，博物馆安保目标的设定，旨在全面应对来自这三个方面的各种威胁，确保博物馆的整体安全。

一、展藏品存在的安全风险

（一）博物馆的安保挑战与创新策略

博物馆作为人类文明的守护者，承载着历史的记忆和文化的瑰宝。然而，随着时代的变迁和科技的进步，博物馆的安全风险也在不断变化。盗窃和抢劫，作为博物馆面临的最大、最普遍的安全风险，对博物馆的展藏品安全和公众信任构成了严重威胁。

传统的博物馆展柜多采用木质展框和普通玻璃橱窗，这种物理防护能力相对较弱的设计，使得展品在观众面前变得异常脆弱。一片薄薄的玻璃，成为观众与展品之间的唯一阻隔。一些不法分子使用先进的工具，便能轻易地破坏展柜，盗走或损坏珍贵的展品。这种风险，不仅让博物馆的展藏品面临损失，更让公众对博物馆的安全产生了质疑。

为了增加与观众的互动性，博物馆常常将一些一般性展品"裸陈"在外，观众可以伸手触摸。这样的设计，虽然拉近了观众与展品的距离，但也为展品的安全带来了隐患。特别是一些可分解或分组的展品，更容易在与观众互动中被有意或无意地拿走或损坏。

库房作为博物馆藏品的"心脏"，保存着大量的珍贵藏品。这里，不仅是观众无法触及的禁地，也是不法分子觊觎的目标。老式博物馆的物理防护相对薄弱，门窗、墙壁，甚至地面都可能成为不法分子侵入的突破口。一旦库房被侵入，后果将不堪设想。

面对这些安全风险，博物馆必须采取积极的措施来保障展藏品的安全。一方面，博物馆可以加强物理防护，提高展柜和库房的安保级别，使用更加坚固的材料和先进的技术手段来防止盗窃和抢劫。另一方面，博物馆也可以加强人员巡逻和监控，提高安保人员的素质和技能，及时发现和应对安全风险。

除此之外，博物馆还可以考虑引入先进的安全技术，如智能监控、人脸识别等，提高安保的科技含量。同时，博物馆也可以加强与警方的合作，建立联动机制，共同打击盗窃、抢劫等犯罪行为。

（二）博物馆内部员工监守自盗的风险与防范策略

博物馆作为文化和历史的宝库，除了面临外部盗窃和抢劫的风险外，还潜藏着一个更为隐蔽的威胁——内部员工的监守自盗。近年来，从国家文物局公布的数据中不难发现，有一部分文物盗窃案件正是由博物馆内部员工利用职务之便所犯下的。这些作案者身份各异，从馆长、资深员工，到新进馆的大学生，甚至是临时聘用人员，均有可能成为内部盗窃的主体。

内部盗窃往往具有作案时间长、问题暴露慢、大多数案件无现场、追查阻力大等特点。由于作案者熟悉博物馆的内部运作和安保流程，他们往往能够巧妙地避开监控和安保措施，使得案件的侦破变得异常困难。

伯恩汉姆在《艺术品盗窃：其范围、影响及控制》一书中指出："绝大多数艺术博物馆的盗窃均为雇员所为。"这一观点提醒我们，博物馆在加强外部安保的同时，更应当关注内部员工的管理和防范。许多内部盗窃的犯罪者都是在博物馆长期工作、经济拮据且具备盗窃良机的员工。他们利用对博物馆的熟悉和对安保流程的掌握，趁机窃取珍贵文物或艺术品。

为了防范内部盗窃的风险，博物馆应当采取一系列措施。首先，加强员工的背景调查和资格审查，确保入职员工没有犯罪前科或不良记录。其次，定期对员工进行安全教育和培训，提高他们的法律意识和职业道德。再次，建立严格的监控和审计机制，对员工的工作行为和出入库房的记录进行严密监控。最后，加强与警方的合作，建立内部盗窃案件的快速响应和调查机制。

(三) 布展、撤展及交流展览中的藏品损坏风险及应对策略

在博物馆的运营中，布展、撤展以及交流展览是不可或缺的活动。然而，这些活动也伴随着藏品损坏的巨大风险。众多案例显示，许多珍贵的展藏品正是在这些转移过程中不幸丢失或损坏。

布展与撤展意味着藏品需要频繁地从库房搬运到展厅、制作间或办公室。而交流展览更是将藏品运送到馆外进行展出，之后再搬运回库房。无论是馆内还是馆外的搬运，每一次的包装、搬运和拆装都会对藏品施加一定的力量，这些力量都可能造成藏品表面的磨损，甚至更为严重的损坏。

尽管博物馆为了保障藏品安全已经制定了多项制度和安保措施，但在实际操作中，工作疏忽、准备不足或保护不到位的情况仍时有发生。这些因素都增加了藏品在搬运过程中受损的风险。

更为严峻的是，目前许多博物馆选择将布展、撤展及展览辅助品的制作等任务外包给普通装饰公司。这些装饰公司的施工人员流动性大，且大多数缺乏针对文物藏品的专业培训。因此，在布展和撤展过程中，马虎毛糙的操作、频繁的磕碰导致藏品外观受损的情况屡见不鲜。

为了降低这一风险，博物馆需要采取一系列措施。首先，加强对装饰公司的筛选和培训，确保他们具备处理文物藏品的基本知识和技能。其次，制定更为严格的藏品搬运和包装标准，确保藏品在搬运过程中得到充分的保护。最后，博物馆还可以考虑引入专业的文物运输公司，他们具备更为丰富的经验和专业的技术，能够更好地保障藏品的安全。

(四) 博物馆展藏品面临的环境侵害风险及应对措施

在博物馆的运营中，确保展藏品的安全与完好无疑是其核心任务之一。然而，展藏品常常面临各种环境侵害的风险，这些风险可能来自灰尘、光线、温湿度以及生物等多个方面。这些环境因素若控制不当，都可能对珍贵的展藏品造成不可逆的损害。

灰尘污染是博物馆内常见的环境问题。灰尘不仅会影响展品的清洁度，还可能含有腐蚀性物质，长期积累在展品表面，会导致展品表面腐蚀、变色等问题。因此，博物馆需要定期清洁展品，并采取措施减少灰尘的产生和积累。

光线损害是另一个值得关注的问题。强烈的光线，特别是紫外线，会对许多展品造成损害，如褪色、老化等。博物馆应使用合适的照明设备，如低紫外线灯具，以减少光线对展品的损害。

温湿度的影响同样不容忽视。不当的温湿度控制会导致展品发霉、变形、开裂等问题。博物馆需要建立严格的温湿度控制制度，使用专业的设备对馆内的温湿度进行实时监控和调整，确保展品处于一个稳定的、适宜的环境中。

此外，生物危害也是博物馆需要关注的风险之一。博物馆内可能存在各种有害昆虫和小动物，它们可能对有机类藏品造成严重的损害。博物馆需要定期进行生物防治工作，如使用杀虫剂、设置陷阱等，以减少这些生物对展品的威胁。

（五）藏品拍摄中的损坏风险及应对策略

藏品拍摄作为博物馆的常规业务，对于藏品建档、出版及公众展示都至关重要。然而，这一过程中也伴随着藏品损坏的风险。博物馆拍摄人员及外部出版社的专业人员，在进行多角度、多方位的拍摄时，需要将藏品频繁搬进搬出，不断调整摆设位置以适应拍摄需求。这一过程中，由于拍摄人员可能缺乏专业培训或偶尔的疏忽大意，存在失手损坏藏品的风险。

此外，拍摄过程中的灯光调试也是一大风险点。顶灯的调试失误、灯罩松脱坠落等情况，都有可能导致珍贵藏品遭受损坏。据了解，国内已有多家博物馆因此类事故而遭受损失。

为了降低这些风险，博物馆需要采取一系列措施。首先，加强对拍摄人员的专业培训，提高他们的操作技能和责任心。其次，制定严格的拍摄流程和操作规范，确保拍摄过程中的每一步都有明确的指导和要求。最后，对于灯光调试等环节，也需要制定专门的安全措施和应急预案，确保在出现问题时能够及时应对。

此外，博物馆还可以考虑引入先进的技术和设备，如使用三脚架等稳定拍摄器材，减少失手损坏的风险；使用LED等新型灯光设备，提高拍摄的灵活性和安全性。

（六）博物馆面临的火灾风险及防范策略

博物馆作为文化的殿堂和历史的见证者，承载着无数珍贵的展品和深厚的文化底蕴。然而，在这些辉煌的背后，火灾风险如同一个隐形的敌人，时刻威胁着博物馆的安全。一旦发生火灾，展藏品可能遭受无法挽回的损坏，甚至整个博物馆都可能化为灰烬。

博物馆火灾事故的主要原因多种多样，其中包括电线老化、过载、短路等电气问题；闭馆后未能及时关闭空调、电脑、充电器、取暖器等设备；对明火、火源、易燃易爆物品的管理不善；施工中违反安全操作规程，如电焊施工等；博物馆出租房屋引起的火灾；以及不法分子纵火破坏等。此外，随着现代科技手段在博物馆展示中的广泛应用，如声光电等设备的大量使用，隐藏在展柜背面和场景隐蔽角落的设备和布线，由于通风不良及检修困难等因素，也可能引发电器及线路发热导致的火灾事故。

为了防范这些火灾风险，博物馆需要采取一系列切实有效的措施。首先，加强电气设备和线路的维护和管理，定期检查电线是否老化、过载或短路，确保设备的正常运行。其次，制定并执行严格的闭馆后设备关闭制度，防止因设备长时间运行而引发火灾。再次，加强对明火、火源、易燃易爆物品的管理和控制，确保它们得到妥善处理。最后，博物馆在施工中应严格遵守安全操作规程，特别是在进行电焊等高风险作业时，必须采取必要的防火措施。

除了以上措施外，博物馆还应加强火灾应急预案的制定和演练，提高员工对火灾的应对能力。同时，利用现代科技手段提高火灾预防和监控能力，如安装智能烟雾报警器和监控系统等。通过这些措施的实施，博物馆可以大大降低火灾风险，确保展藏品和建筑的安全。

二、观众人身安全的多重风险及应对策略

博物馆作为公共文化和教育机构，不仅承载着展示历史与艺术的使命，更负有保护观众人身及携带财物安全的重大责任。在观众逗留博物馆的期间，存在多种可能导致人身伤害的安全风险，这些风险不容忽视。

首先，摔倒摔伤的风险。博物馆内的光滑地板、湿滑的卫生间地面、松动的地毯，以及设计不合理的台阶和斜坡玻璃地面等都可能成为观众摔倒的隐患。特别是老年人和小孩，由于身体机能的原因，更容易受到这些因素的影响。此外，灯光照明不足也会导致观众在行走中因看不清地面而摔倒。

其次，拥挤伤害的风险也不容忽视。在节假日或博物馆免费开放期间，观众数量剧增，可能会超过博物馆的接待量。如果此时观众分流和疏导不及时，很容易发生拥挤，甚至造成建筑物坍塌、展览设施损坏以及人身伤害事故。同时，展厅内突然停电或莫名强烈的声响也可能引发观众的恐慌，进而产生拥挤和踩踏事件。

最后，现代博物馆为了提高观众的互动性和观赏性，增加了很多互动装置和体验设施。虽然这些设施深受中小学生喜爱，但操作不当也可能导致夹伤、撞伤等安全事故。特别是运动竞争性的互动装置，由于中小学生争强好胜，短时间内剧烈运动可能导致身体不适甚至昏厥。同时，复原场

景中的假山、岩石等布景也可能因为管理人员的疏忽和观众的好奇好动而引发跌落受伤的风险。

为了应对这些风险，博物馆需要采取一系列措施。首先，要定期检查和维护馆内的设施和设备，确保它们的安全性和可靠性。其次，加强观众的安全教育和引导，提醒他们注意行走安全、遵守规定、正确使用互动设施等。最后，博物馆还需要制定应对拥挤和突发事件的应急预案，确保在紧急情况下能够及时有效地处理。

三、博物馆馆舍及其内部设施存在的风险及防范措施

博物馆的馆舍及其内部设施是确保藏品安全、维护观众体验的重要基础。然而，这些设施同样面临着来自不法分子、技术故障或人为失误等多重风险。

在设计上，博物馆建筑通常会考虑到安保需求，采用如防弹玻璃、报警系统等安防措施。然而，无论安保设施多么完善，不法分子仍然可能找到突破口。例如，现代建筑中大量使用的玻璃构件，虽然美观，却也为暴力非法侵入者提供了便利。天窗、玻璃门及门锁等部分，由于其显眼且易接触的特点，更是成为易受侵扰的部位。

除了不法分子的威胁，博物馆内部的各类设施系统也面临着被故意或过失损坏的风险。空调系统、恒温恒湿系统、VRV系统、电力系统、专业照明系统、音响系统、网络系统、给排水系统等专业设施，一旦出现故障或被不当使用，不仅可能影响博物馆的正常运营，还可能对藏品造成不可逆的损害。例如，电力系统故障可能导致照明不足，影响观众参观体验；而恒温恒湿系统的故障则可能直接威胁到藏品的保存环境。

为了降低这些风险，博物馆需要采取一系列措施。首先，加强安保力

度，定期检查和更新安防设施，确保不留死角。同时，加强对员工的培训和教育，提高他们的安全意识，防止因疏忽大意而引发的安全事故。

其次，建立完善的设施维护和管理制度。定期对各类设施进行检查和维护，确保其处于良好的工作状态。对于关键设施，如电力系统、恒温恒湿系统等，应建立应急预案，确保在出现故障时能够快速响应和处理。

最后，加强与专业机构的合作。对于复杂的专业设施，如 VRV 系统、网络系统等，可以委托专业机构进行维护和管理。同时，通过参加行业交流、学习先进技术等方式，不断提高博物馆自身的设施管理水平。

第二节 环境因素对文物的影响

一、空气湿度对馆藏纸质文物的影响及管理对策

空气湿度是馆藏文物保存中最为关键的环境因素之一，特别是对于纸质文物来说，其影响尤为显著。纸质文物，如古籍、书画、档案等，由于其材料特性，容易吸收和释放水分，因此湿度的波动对它们的影响是巨大的。

当空气湿度偏高时，吸湿性强的纸质文物会吸收大量水分，导致纸张膨胀。这种膨胀不仅使纸质纤维发生弯曲和变形，严重时还会导致纤维断裂。同时，潮湿的环境是微生物生长的理想条件，这些微生物会在文物上滋生并造成霉变，进一步破坏文物的结构。一些害虫也会被吸引而来，啃噬文物，造成不可逆的损害。一旦文物被害虫啃噬，受损的部分往往难以

修复，这对于文化和历史价值的保留是巨大的损失。

此外，湿度的忽高忽低也会对纸质文物造成不利影响。在湿度变化的过程中，纸质纤维会经历湿胀和干缩的过程，这种反复的变化会导致纤维结构的疲劳和破坏，进而缩短文物的寿命。因此，保持相对稳定的湿度环境对于纸质文物的长期保存至关重要。

为了应对湿度对纸质文物的影响，博物馆和图书馆等文物收藏机构需要采取一系列措施。首先，要安装精确的湿度监测设备，实时监测并控制馆内的湿度水平。其次，使用适当的除湿和加湿设备，确保湿度在一个相对稳定的范围内波动。最后，对于特别珍贵的文物，可以考虑使用密封性良好的存储容器，以减少外界湿度对其影响。

二、空气温度对馆藏文物的影响及管理对策

空气温度是影响馆藏文物状态的关键因素之一。文物是由各种材料制成的，这些材料在不同的温度下会发生分子间的相互转变和化学反应，从而导致文物的物理和化学性质发生变化。

当空气温度过高时，会加速纤维质地文物的老化进程。这是因为高温会促进文物内部的化学反应，使化学纸浆的分解速度加快，导致纸质木质素的变化速度也加快。这些变化会降低文物的强度，使其变得更加脆弱，容易受损。

此外，温度的忽高忽低也会对文物造成不利影响。在冷气状态和平常温度状态之间频繁切换，或者温度变化幅度过大，会引起不同材料之间的热胀冷缩现象。这种热胀冷缩会导致文物内部的结构发生变化，使其逐渐衰变。

为了应对温度对馆藏文物的影响，博物馆和图书馆等文物收藏机构需

要采取一系列措施。首先，要安装精确的温度监测设备，实时监测并控制馆内的温度水平。其次，使用适当的空调和通风设备，确保温度在一个相对稳定的范围内波动。最后，对于特别珍贵的文物，可以考虑使用恒温恒湿的存储容器，以减少外界温度对其影响。

同时，博物馆和图书馆还应制定合理的温度管理策略，避免温度的频繁波动。在冷气和平常温度之间切换时，应逐步调整温度，避免突然的温度变化对文物造成损害。

三、光化学反应与运输风险对馆藏文物的影响及对策

在博物馆和图书馆的馆藏管理中，除了前面讨论的空气污染和温湿度等环境因素，光照和运输过程中的风险也是影响文物保存的重要因素。

光化学反应是一个复杂的过程，涉及文物材料分子与光线的相互作用。在各种照明系统产生的光环境下，文物材料分子受到光线的激发，可能发生光裂解或光氧化等反应。这些反应不仅会导致文物色泽暗淡、掉色，还可能引发文物材料的结构变化，使其逐渐劣化。特别是对于一些对光线敏感的文献资料、图片、纺织品和绘画作品，光化学反应的影响更为明显，可能会使其失去原有的艺术价值和历史意义。

此外，在文物运输过程中也存在诸多风险。突遇的大雨天气可能导致车厢内的纸质文物受潮，增加霉变和虫蛀的风险。水路运输时，一旦遭遇意外情况，海水或河水的侵蚀可能对文物造成不可逆的损害。而运输车辆的防震措施不当，也可能在运输过程中导致文物受到颠簸和撞击，造成物理损伤。

为了应对这些挑战，博物馆和图书馆需要采取一系列措施。首先，在照明系统的选择上，应使用低照度、低色温的灯具，以减少对文物的光化

学反应影响。同时，对于特别敏感的文物，可以考虑使用遮光罩或将其存放在避光的环境中。

在文物运输方面，应制定严格的运输规范，确保文物在运输过程中的安全。在雨天或恶劣天气下，应暂停运输或采取特殊的防潮措施。对于水路运输，应选择经验丰富的运输公司，并确保文物在运输过程中与海水或河水完全隔离。同时，对运输车辆的防震性能进行检查和维护，确保文物在运输过程中不会受到撞击和颠簸。

四、空气污染对馆藏文物的影响及应对措施

随着城市化进程的加速，大城市的空气质量日益受到关注。对于博物馆和图书馆等文物收藏机构而言，空气污染成为一个不可忽视的影响馆藏文物保存的因素。

空气污染物，尤其是化学污染物，与纸质文物之间的化学反应是导致文物损坏的主要原因之一。例如，空气中的二氧化硫会与文物的金属框架发生反应，导致金属腐蚀，进而使纺织品和纸质材料脆化、破碎。对于绘画作品和彩塑作品，这些污染物还会引起颜色的褪色和变色，使其失去原有的艺术价值。

此外，酸雨也是一个不容忽视的威胁。酸雨中含有大量的酸性物质，这些物质会腐蚀博物馆的外部建筑，并对摆放于外部空间的各种石刻和雕塑作品造成损害。长期暴露在酸雨中的文物，其表面会受到侵蚀，细节模糊不清，甚至导致文物的整体结构受到破坏。

除了化学因素，空气中的灰尘和微生物也是文物保存的敌人。灰尘不仅使文物表面蒙尘，影响观众的观赏体验，还会为微生物提供滋生的环境。这些微生物在文物上生长繁殖，进一步导致霉变和虫蛀现象，对文物

造成不可逆的损害。

　　为了应对空气污染对馆藏文物的影响，博物馆和图书馆需要采取一系列措施。首先，加强空气质量监测，及时了解并应对污染物浓度的变化。其次，改善馆内通风系统，确保空气流通，减少污染物在馆内的滞留时间。最后，对于特别珍贵的文物，可以考虑使用空气净化设备，去除空气中的有害物质。

　　同时，博物馆和图书馆还应加强与环保部门的合作，共同推动城市空气质量的改善。通过减少污染物排放、增加绿化植被等措施，为馆藏文物创造一个更加良好的保存环境。

第四章　博物馆文物陈列设计

第一节　陈列设计的原则与目标

一、站在顾客的立场

从顾客的视角出发，陈列展示的核心目标是提供一个直观、易懂且吸引人的购物体验。具体而言，可以分为以下几点。

（一）直观可视

陈列设计需遵循人体工程学的原则，确保商品摆放的高度、角度和位置都符合顾客的视觉习惯，使顾客能够一眼就注意到商品，无需费力寻找。

（二）信息清晰

商品分类应明确且具有逻辑性，能够反映出不同生活场景和需求。这样顾客可以快速理解商品的用途和定位，节省挑选时间。

（三）便捷选择

陈列应遵循一定的规则和次序，如价格、品牌、颜色、尺寸等，帮助顾客快速做出购买决策。同时，保持货架整齐、标签清晰，也是提升购物体验的关键。

综上所述，一个成功的陈列展示不仅能吸引顾客的注意，还能引导他们顺畅地完成购物过程，从而提高销售效率和顾客满意度。

二、站在店铺的立场

对于店铺而言，陈列展示不仅是吸引顾客的手段，更是提升店铺运营效率和经济效益的重要工具。具体目的有如下几点。

（一）提升效率

通过有效的空间区分和布置，店铺能够更合理地利用卖场空间，确保商品的陈列既美观又实用。这有助于员工快速找到商品，减少寻找时间，从而提升工作效率。

（二）便于库存管理

通过合理的陈列方式，店铺能够更清晰地了解各类商品的库存情况，包括畅销货品和滞销货品。这有助于店铺及时调整库存策略，避免库存积压或断货现象。

（三）降低成本

通过省力化、标准化和手册化的陈列管理，店铺能够减少不必要的浪费和损耗，降低运营成本。例如，使用标准化的陈列道具和流程，可以减少员工培训和操作的难度，提高工作效率。

综上所述，从店铺立场出发，陈列展示不仅有助于提升店铺的运营效率和服务质量，还能有效降低成本，增强店铺的市场竞争力。

三、陈列设计的基本原则

（一）为了使销售效率和顾客满意度最大化，店铺的陈列展示必须保持简洁明了和合理有序。这种展示方式不仅让顾客能够迅速理解商品信息，还能引导他们顺畅地完成购物过程。通过减少不必要的视觉干扰和保持陈列的条理性，店铺可以营造出一种轻松、舒适的购物环境，让顾客更愿意停留和浏览。

同时，系列产品的组合形象在陈列展示中始终占据主导和核心地位。店铺需要精心策划和呈现产品组合，以突显品牌的独特魅力和产品的优势。通过将相关产品组合在一起，店铺可以展示出产品的多样性和互补性，增强顾客的购买欲望。这种组合式的陈列方式还有助于提高顾客的忠诚度，因为他们可以更方便地找到符合自己需求和品味的商品组合。

（二）在陈列展示的设计中，我们坚持"少就是多"的原则，以化繁为简的理念来突出重点。这种策略确保了形式上的精炼，却又不失内涵的丰富性。我们深知，将主导和焦点的系列产品与适当的、对应的POP（Point of Purchase，即销售点）配置相结合，可以建立起必要且明确的展示视觉感应。这种感应不仅引导顾客的视线，还增强了他们对产品的认知和理解。

为了营造独特的展示效果，我们特别注重虚实、点面的对比和统一。通过巧妙的布局和精心的设计，我们使虚与实、点与面在展示空间中相互呼应，形成了一种引人入胜的视觉效果。这种效果不仅使整体展示更加和谐统一，还增强了顾客的购物体验。

（三）在陈列展示中，明确树立主题是至关重要的。这个主题应该与品牌形象和核心价值紧密相连，同时能够引起消费者的共鸣和兴趣。通过围绕这个主题展开展示内容，我们可以为消费者创造一个引人入胜的购物环境。

为了更好地传达品牌信息和生活方式，我们会定期更新中心题材的视觉效果。这些视觉效果不仅具有艺术性和吸引力，更重要的是，它们能够暗示、诱导、启发和感染消费者。通过精心的设计和布置，我们希望能够强化消费者对品牌表达的特定层次生活方式的认同意识。

当消费者被我们的展示内容所吸引并产生共鸣时，他们的购买欲望自然会被激发。这种购买欲望不仅仅是对产品的需求，更是对品牌所代表的生活方式和价值观的认同和追求。因此，我们的陈列展示不仅要展示产品本身，更要展示品牌背后的故事和理念。

（四）为了完善展示效果和风格，我们需要充分和综合运用各功能要素。现代商品陈列展示不仅仅是一个简单的摆放过程，而是需要综合应用多个学科和领域的知识。

首先，消费心理学在陈列展示中扮演着至关重要的角色。了解消费者的需求和购买心理，可以帮助我们更好地设计展示内容和方式，从而吸引消费者的注意力并激发他们的购买欲望。

其次，社会审美趋向也是不可忽视的因素。随着时代的变迁和社会的发展，人们的审美观念也在不断变化。因此，我们需要密切关注社会审美趋向，及时调整陈列展示的风格和形式，以符合大众的审美需求。

再次，人体工程学在陈列展示中也起着重要的作用。通过运用人体工程学的原理，我们可以确保商品的摆放高度、角度和位置都符合人体工学要求，从而提高消费者的购物体验。

从次，品牌产品设计开发也是陈列展示中不可或缺的一部分。我们需要根据品牌的核心价值和产品特点，设计出符合品牌形象和风格的陈列展示方案，以凸显产品的独特魅力和价值。

最后，我们还需要遵循其他诸种惯例和共识，如色彩搭配、照明设计、空间布局等，以确保陈列展示的整体效果和风格统一、协调。

第二节　陈列内容与主题设计

博物馆的展览无疑是其核心与灵魂所在，它不仅仅是一种对文化的传承与弘扬，更是一种教育公众、普及知识的重要途径。对于博物馆来说，展览更是一个展示其丰富馆藏文物的平台，每一件文物都承载着历史的记忆和文化的精髓。因此，设计一场高质量的博物馆文物陈列展览显得尤为关键。这要求策展人不仅要对文物有深入的了解和研究，还需要运用创新的思维和方法，将这些珍贵的文物以最佳的方式呈现给观众。同时，展览的设计也需要考虑观众的需求和审美，创造出一种既能吸引观众眼球，又能引导他们深入思考和领悟的氛围。只有这样，博物馆的展览才能真正发挥其应有的价值，为社会的文化进步和丰富人民的精神生活做出积极的贡献。

一、定位明确

策划一场文物陈列展览的首要步骤是明确展览的主题和定位。这一步骤极为关键，因为它将决定展览的整体风格和所要传达的信息。在策划展览主题时，策展人需要综合考虑博物馆的类型、馆藏文物的特点以及相关的文化背景等多方面因素。例如，如果博物馆以古代历史为主题，策展人可能会选择"中国古代青铜器"作为展览主题，因为青铜器是中国古代文化的重要组成部分，具有丰富的历史内涵和艺术价值。

一旦确定了展览主题，策展人需要在整个展览过程中贯彻这一主题。这包括在展览主题板块的设计、展项的安排以及文物的陈列等多个方面。例如，在"中国古代青铜器"主题展览中，策展人应该确保展览主题、展示的文物精品、展览故事线以及场馆的装饰等方面都紧密围绕青铜器展开。通过这种方式，观众能够更深入地了解中国古代青铜器的历史背景、制作工艺以及其在中国文化中的地位，从而提升展览的教育意义和观赏价值。

二、精品为主

在文物陈列展览中，精品的选择无疑是至关重要的环节。文物作为历史的见证和文化的载体，每一件都有其独特的故事和价值。然而，由于展览空间和时间的限制，我们不能将所有文物都展示出来。因此，选取并展示具有代表性的精品就显得尤为重要。这些精品应该能够充分展现展览主题，让观众通过它们深入了解历史背景、文化内涵和艺术魅力。

为了尽量展示代表性的文物精品，策展人需要付出大量的努力。他们需要多方查找相关的文史资料，对文物对象进行深入的研究和分析，以确保所选的文物不仅具有高品质，还能够充分代表某一时期或某一文化的特色。同时，策展人还需要考虑观众的需求和兴趣，选择那些能够引起观众共鸣、具有教育意义的文物。

通过精心挑选和展示这些具有代表性的文物精品，我们不仅能够让观众更好地了解展览主题，还能够让他们感受到文物的独特魅力和深厚文化内涵。这样的展览不仅能够吸引更多的观众，还能够提升博物馆的知名度和影响力。

三、讲解和解说

在博物馆的文物陈列展览中，讲解和解说环节起着至关重要的作用。特别是对于那些极具文化内涵的文物，仅仅依靠简单的标签或图文介绍往往难以充分展现其深厚的历史底蕴和文化内涵。因此，配备专业解说员进行讲解显得尤为重要。这些专业解说员通常具备丰富的历史知识和文化背景，能够用生动的语言引导观众深入理解文物背后的故事和历史背景，帮助观众建立起与文物的情感联系。

除了专业解说员，博物馆还可以利用现代科技手段，如语音导视和多媒体播放等，为观众提供更加多样化和互动性的讲解服务。观众可以通过扫描文物旁的二维码或使用语音导视设备，听取详细的文物介绍和背景故事。同时，多媒体播放设备也可以播放与文物相关的视频、音频资料，让观众更加直观地了解文物的历史背景和制作过程。

通过这些讲解和解说方式，观众不仅能够更深入地理解展览主题和文物内涵，还能够获得更加丰富和多元的文化体验。这不仅有助于提升观众的文化素养和审美能力，也能够进一步推广和传播博物馆的文化价值和社会意义。

四、设计合理

在博物馆文物陈列展览的设计过程中，观众的观赏体验是至关重要的考量因素。设计师需要时刻以观众为中心，从他们的观看角度和接受程度出发，精心规划展品的布局、灯光设置、色彩搭配以及整体环境的营造。合理的展品布局能够让观众在参观过程中流畅地移动，同时引导他们逐步深入了解文物背后的故事和文化内涵。灯光的运用也是关键，适当的照明不仅能凸显文物的细节和特色，还能营造出与展览主题相契合的氛围。色彩的选择同样重要，它会影响观众的情绪和感知，设计师需要运用色彩学原理，让展览空间更加和谐美观。此外，展区的安排也需要考虑到观众的动线，确保他们能够顺畅地参观各个展区。同时，展览中使用的形式设备，如触摸屏、互动装置等，也需要符合观众的使用习惯，以便他们能够轻松地获取信息和享受展览。

通过综合考虑这些方面，设计师可以创造出一个既美观又富有教育意义的展览，使观众在欣赏文物的同时，也能深入体验展览所传递的文化氛围和知识。这样的展览不仅能够吸引更多的观众，还能提升博物馆的公众影响力和教育价值。

五、创新亮点

创新亮点在博物馆文物陈列展览中占据着举足轻重的地位，它能够通过新颖的形式和手段吸引参观者的目光，进一步激发他们对文物的兴趣，从而更深入地了解文物背后的故事和文化内涵。在现代科技的助力下，博物馆可以利用虚拟实景技术，为观众打造一个仿真的文物环境，让他们仿佛置身于历史的现场，亲身感受文物的魅力。立体影像技术则能够呈现出更加生动逼真的文物展示效果，使观众对文物的细节和特色有更加直观的认识。此外，声光表演和交互式互动等现代科技手段也能够为观众带来更加沉浸式的体验，让他们在参与互动的过程中深入了解文物所承载的历史和文化价值。通过这些创新亮点的设置，博物馆不仅能够提升展览的趣味性和吸引力，还能够让观众在欣赏文物的同时，享受到科技带来的全新体验，进一步推动文物陈列展览的创新与发展。

第三节　陈列形式与空间布局

一、空间规划与流线设计

（一）在文物陈列展览中，空间、造型、色彩和材质是构成陈列形式最基本的四大要素。这些要素相互作用，共同营造出展览的整体氛围和风格。空间是展览布局的基础，通过合理的空间规划，可以引导观众的视线，使他们能够顺畅地参观展览。造型是文物陈列的关键，通过不同的造型设计，可以突出文物的特点和价值，增强观众的观赏体验。色彩则是营造展览氛围的重要手段，通过色彩的搭配和运用，可以营造出与展览主题相契合的视觉效果。材质则是展现文物质感和历史感的关键因素，选择合适的材质可以让文物更加生动地呈现在观众面前。因此，在策划和设计文物陈列展览时，需要综合考虑这些要素，运用艺术的手法将它们巧妙地组合起来，以打造出富有吸引力和感染力的展览。

（二）陈展空间是博物馆、展览馆等建筑内部和外部直接用于展示文物、艺术品或其他展览品的区域。它不仅仅是简单的空间划分，更是一种艺术化的布局和设计。在建筑内部，陈列厅和展览室是陈展空间的核心区域，它们承载着展示文物和艺术品的主要任务。这些空间通常经过精心设计和布置，以凸显展品的特色和价值，为观众提供最佳的观赏体验。

除了核心的陈列厅和展览室，与它们相关的室内空间也是陈展空间的重要组成部分。过厅、休息室、通道和楼梯等空间不仅为观众提供了休息和交流的场所，还通过巧妙的设计，将各个展区连接起来，形成一个整体连贯的展览空间。这些空间的设计同样需要考虑观众的观赏体验和展览的整体氛围。

此外，建筑外部的陈展空间同样重要。外部空间可以被用来展示大型艺术品、雕塑或装置作品，营造出独特的展览氛围。同时，外部空间还可以通过灯光、标识等设计元素，制造宣传气氛，吸引更多的观众前来参观。

（三）四度空间设计是一种更为全面和人性化的空间设计理念，它突破了传统室内设计的三维界限，加入了人的行动与不同的视点、视角作为第四度空间。这意味着，在设计陈列展览空间时，我们不仅要考虑空间的长、宽、高，更要关注人在空间中的移动、观察和审美体验。

观众在参观展览时，他们的行动轨迹、视线移动和审美注意点都是动态变化的。因此，设计师需要从观众的角度出发，全面考虑这一系列现象特征。从观众由外部环境进入室内展览空间的那一刻起，设计师就应该为他们创造一个舒适、流畅且引人入胜的参观体验。

为了实现这一目标，设计师需要对空间进行巧妙的规划和布局。例如，可以通过设置合理的动线，引导观众按照最佳的参观顺序走过每个展区；通过调整展品的摆放位置和高度，确保观众在不同视点和视角下都能获得最佳的观赏效果；同时，还可以通过运用色彩、灯光等设计元素，营造出与展览主题相契合的氛围，进一步吸引观众的注意力。

（四）造型按应用性质来划分，主要可分为以下三大类。

首先，总体设计造型是指对整个展览空间进行整体规划和布局，确定展览的主题、风格、色彩和氛围等。这一环节是展览设计的核心，它决定了展览的整体效果和观众的初步印象。总体设计造型需要考虑展览的目的、观众的需求、文物的特点和展览空间的特点等因素，以创造出一个引人入胜的展览环境。

其次，展品设计造型是指对单个展品的展示方式进行设计。这包括展品的摆放位置、展示角度、照明方式、背景装饰等。展品设计造型的目的是突出展品的特色和价值，使其在众多展品中脱颖而出。设计师需要根据展品的性质、尺寸、材质等因素，选择合适的展示方式，使观众能够清晰地看到展品的细节和特点，同时感受到展品的独特魅力。

最后，设备设计造型是指对展览中使用的各种设备进行设计。这些设备包括展柜、展台、展板、照明设备等。设备设计造型的目的是提高展览的展示效果，同时也为观众提供更加舒适的观赏体验。设备的设计需要考虑其功能性、安全性、美观性等因素，以确保它们能够与展品和展览空间相协调，共同营造出最佳的展览效果。

（五）材质选择是展览设计中的重要环节，其把握原则对于实现展览的整体效果至关重要。以下是这些原则的详细扩写。

1. 整体考虑：在挑选材质时，首要考虑的是展览的整体风格和设计理念。材质的选择应与展览的主题、氛围和风格保持高度一致。例如，如果展览的主题是古典艺术，那么材质的选择可能更倾向于使用木材、石材等具有历史感的材质；而如果是现代艺术展览，则可能更倾向于使用金属、玻璃等现代感较强的材质。

2. 搭配恰当：在展览中，不同材质之间的搭配也是非常重要的。设计师需要确保各种材质在色彩、质感、光泽等方面能够和谐共处，避免产生突兀或不协调的感觉。例如，金属和玻璃的搭配可以营造出一种现代、科技的感觉，而木材和石材的搭配则可能给人一种自然、原始的感觉。

3. 不违常规：虽然创新是展览设计的重要方面，但在材质的选择上，还是应遵循一定的常规和规律。例如，某些材质由于其特殊的性质，可能并不适合用于某些展览场景。设计师在选择材质时，需要充分考虑其实用性、安全性等因素，确保所选材质符合常规标准。

4. 简练为上：在材质的选择上，追求简练和精致往往能达到更好的效果。过于复杂或繁琐的材质搭配可能会让观众感到混乱和疲惫。因此，设计师在选择材质时，应遵循"少即是多"的原则，尽量选择那些能够简洁、有效地表达展览主题的材质。

综上所述，材质选择的把握原则要求设计师在整体考虑、搭配恰当、不违常规和简练为上等方面进行综合考量，以确保所选材质能够最大程度地实现展览的设计理念和整体效果。

（六）陈列设计艺术形式美原理与形式美法则是指导设计师在创造展览空间时遵循的美学原则。其中，"变化与统一"是形式美原理的核心。它要求设计师在保持整体统一的基础上，寻求变化和多样性，以避免单调和乏味。这种原理体现了展览空间中各元素之间的相互关系，既要有变化以吸引观众的注意力，又要保持整体的和谐统一，以确保展览的整体美感。

在具体实践中，"均齐与对称""平衡与呼应""对比与调和""比例与尺度""节奏与韵律"等法则都是对"变化与统一"原理的具体应用。例如，"均齐与对称"可以通过对展品和空间的对称布局，创造出一种稳定、庄重的氛围；"平衡与呼应"则强调展品和空间的相互呼应，形成视觉上的平衡感；"对比与调和"则通过对比不同的元素，如色彩、材质、形状等，创造出丰富的视觉效果，同时又要通过调和这些元素，保持整体的和谐统一。

此外，德国美学家里普士提出的"君主制从属"学说，为"变化与统一"原理提供了理论支持。这一学说认为，在一个整体中，应该有一个主导元素作为"君主"，其他元素则从属于这个主导元素，形成一个有序的等级结构。在陈列设计中，这可以理解为设计师应选择一个主导的设计元素或风格，将其作为展览的核心，其他元素则围绕这个核心进行设计和布局，从而形成一个既统一又富有变化的展览空间。这种"君主制从属"的学说有助于设计师更好地理解和应用"变化与统一"的原理，创造出更具艺术美感的展览设计。

（七）流线设计在展览设计中占据着至关重要的地位，它涉及观众在展览空间中的行动路径和参观体验。流线设计的目的在于创造一个顺畅、舒适且引人入胜的参观环境，使观众能够按照最佳的顺序和角度欣赏展品，从而充分体验展览的主题和内涵。

在进行流线设计时，设计师需要综合考虑多个因素。首先，要了解观众的需求和习惯，包括他们的参观目的、兴趣点以及行动能力。这有助于设计师确定观众的参观起点和终点，以及他们在展览空间中的行动轨迹。

其次，要充分考虑展览空间的特点和布局。展览空间的形状、大小、高度以及展品的位置等因素都会对观众的行动产生影响。设计师需要根据这些因素合理规划观众的参观路线，确保他们能够在有限的空间内获得最佳的参观体验。

此外，流线设计还需要考虑展品之间的逻辑关系。展品的布局应该按照一定的顺序和逻辑进行排列，使观众能够逐步深入了解展览的主题和内涵。同时，设计师还需要运用色彩、照明、标识等手段来引导观众的视线和行动，增强展览的吸引力和感染力。

二、展示布局与展示手段

（一）塑造空间形状

博物馆文物陈列艺术表现手法中，塑造空间形状是陈列室环境空间处理的关键手法之一。通过对空间形状的精心塑造，设计师能够创造出符合文物特性和展览主题的环境氛围，提升观众的参观体验。

塑造空间形状通常涉及以下几个方面：

1. 空间的高度与宽度：设计师要根据文物的尺寸和展示需求，合理调整陈列室的高度和宽度。过高或过宽的空间可能会让文物显得渺小和孤立，而过于狭窄的空间则可能让观众感到局促不安。因此，要通过精确测量和合理规划，确保空间的高度和宽度与文物展示相协调，营造出舒适宜人的观展环境。

2. 天花板与地面的设计：天花板和地面的设计对于塑造空间形状至关重要。设计师可以通过选择不同的材质、色彩和纹理，以及运用不同的装饰手法，来营造出独特的空间感。例如，采用高挑的天花板和光滑的地面可以让空间显得更为开阔和通透；而采用低矮的天花板和粗糙的地面则可以营造出一种古朴和庄重的氛围。

3. 隔断与划分：在陈列室中，隔断和划分是塑造空间形状的重要手段。通过合理设置隔断，可以将展览空间划分为不同的区域，使每个区域都具有独特的主题和氛围。这些隔断可以采用屏风、展板、玻璃等多种形式，既能保持空间的连贯性，又能增加层次感和立体感。

4. 光影与色彩的运用：光影和色彩是塑造空间形状的重要工具。设计师可以通过调整灯光的照射方向和强度，以及选择适当的色彩搭配，来营造出符合文物特性和展览主题的空间氛围。例如，柔和的灯光和温暖的色调可以营造出一种温馨舒适的氛围；而强烈的灯光和冷色调则可能让观众感受到一种紧张和严肃的气氛。

综上所述，塑造空间形状是博物馆文物陈列艺术表现手法中不可或缺的一环。通过精心设计和巧妙运用各种手法，设计师可以创造出一个既美观又实用的展览空间，使观众能够充分感受到文物的历史价值和文化魅力。

（二）穿插布置科学复原的各种场景或景观

在博物馆文物陈列中，穿插布置科学复原的各种场景或景观是一种重要的艺术表现手法。通过复原历史场景或构建与文物相关的景观，设计师能够将观众带入一个更加真实、生动的历史环境，使其更加深入地理解和感受文物的历史价值和文化内涵。

首先，穿插布置科学复原的场景或景观有助于增强观众的历史代入感。当观众置身于一个复原的历史场景中，他们仿佛能够穿越时空，亲身感受那个时代的氛围。这种代入感不仅使观众更加投入地参观展览，还能够加深他们对文物背后历史故事的理解。

其次，复原场景或景观的布置需要遵循科学性和真实性的原则。设计师需要充分了解历史背景和文化内涵，确保复原的场景或景观与历史事实相符。同时，他们还需要运用现代科技手段，如虚拟现实（VR）、增强现实（AR）等，来还原历史场景的细节和氛围，使观众能够更加真实地感受到那个时代的风貌。

再次，复原场景或景观的布置还需要注重艺术性和审美性。设计师需要运用艺术手法和美学原理，使复原的场景或景观既符合历史事实，又具有观赏价值。通过巧妙的布局、色彩搭配和光影处理，设计师可以营造出一种独特的艺术氛围，使观众在欣赏文物的同时，也能够得到美的享受。

最后，穿插布置科学复原的场景或景观还可以丰富展览的内容和形式。通过将不同历史时期的场景或景观进行穿插布置，设计师可以展示文物在不同历史背景下的演变过程，使观众能够更全面地了解文物的历史背景和文化内涵。同时，这种布置方式还可以增加展览的趣味性和互动性，吸引更多观众参与和体验。

（三）运用室内设计中的各种建筑小品

在博物馆文物陈列中，运用室内设计中的各种建筑小品是一种独特而富有创意的艺术表现手法。建筑小品，如雕塑、装饰性构件、壁灯、展示台等，不仅能够美化展览空间，还能通过其独特的艺术形式和历史文化内涵，为观众带来更加丰富和深刻的观展体验。

建筑小品在提升展览空间的美感和品质方面发挥着重要作用。设计师可以通过精心挑选和布置雕塑、装饰性构件等建筑小品，为展览空间增添独特的艺术氛围和风格。这些小品可以与文物相互呼应，共同营造出一种和谐、统一的整体效果，使观众在欣赏文物的同时，也能感受到空间本身的美感。

建筑小品在传递历史文化信息方面也扮演着重要角色。设计师可以选择那些具有象征意义或历史价值的建筑小品，通过其形式、材质和装饰元素来传达文物背后的历史文化内涵。例如，使用传统的建筑元素和装饰手法，可以让观众感受到文物所代表的历史时期的风格和特色；而运用现代设计理念和材料，则可以让观众体验到文物与当代文化的融合与创新。

建筑小品还可以为观众提供互动和参与的机会。一些展示台、壁灯等建筑小品可以设计成具有互动性的形式，让观众能够触摸、操作甚至参与其中。这种参与式的展示方式不仅可以增加观众的参与感和体验感，还能够使观众更加深入地了解文物的特点和历史背景。

需要注意的是，在运用建筑小品进行室内设计时，应遵循整体设计风格和主题的要求。建筑小品应与展览空间的整体风格相协调，避免出现风格上的冲突和混乱。同时，还应注重细节的处理和材质的选择，确保每一件建筑小品都能够与文物和展览空间相互呼应，共同营造出一种独特而富有魅力的艺术氛围。

综上所述，运用室内设计中的各种建筑小品是博物馆文物陈列艺术表现手法中的重要手段之一。通过精心挑选和布置建筑小品，设计师可以提升展览空间的美感和品质，传递历史文化信息，为观众带来更加丰富和深刻的观展体验。

（四）利用光的特性

在博物馆文物陈列中，利用光的特性是一种至关重要的艺术表现手法。光作为一种独特的视觉元素，不仅能够照亮展品，使之在观众眼前清晰可见，还能通过其独特的性质为文物赋予生命，营造出丰富的空间感和情感氛围。

光的亮度、色温和色彩对文物的展示效果具有决定性的影响。柔和、自然的光线可以凸显文物的质感和细节，使其呈现出最佳的状态。而过于强烈或过于暗淡的光线则可能掩盖文物的细节，甚至造成视觉疲劳。同时，不同色温的光源可以营造出不同的氛围。暖色调的灯光可以营造出温馨、舒适的观展环境，而冷色调的灯光则可以带来冷静、专业的氛围。

光的投射方式和方向对于塑造展览空间的三维感和层次感至关重要。设计师可以通过调整灯光的投射角度和位置，使光线在文物表面形成丰富的光影效果，从而增强文物的立体感和质感。此外，利用不同光源的相互呼应和配合，可以营造出丰富的空间层次感，使展览空间更加具有层次感和深度。

光的动态变化可以为展览增添趣味和活力。通过运用现代科技手段，如LED灯、投影灯等，设计师可以实现光线的动态变化，如闪烁、渐变等效果。这种动态的光影效果不仅可以吸引观众的注意力，还能为展览增添趣味性和互动性。

利用光的特性进行展览设计还需要注重节能环保和可持续性。设计师应选择高效、节能的照明设备，并合理规划照明布局，避免过度照明和能源浪费。同时，还应注重使用环保材料和技术，以降低展览对环境的影响。

三、常用陈列表现手法

常用陈列表现手法在博物馆文物陈列艺术中占据重要地位，它们不仅有助于突出文物的特色和历史价值，还能为观众带来更加生动、深刻的观展体验。以下是对这些表现手法的扩写：

1. 象征与比拟：这是一种通过具体事物或形象来代表抽象概念或情感的手法。在文物陈列中，设计师可以运用象征与比拟的手法，将文物与特定的象征意义或历史情境联系起来，从而引发观众的共鸣和思考。例如，通过展示古代兵器，可以象征战争和英勇；通过展示农业工具，可以比拟勤劳和丰收的意象。

2. 烘托和渲染：这两种手法常用于营造特定的氛围和情感。烘托是通过描绘一个场景或环境来衬托文物的特点，使其更加突出；而渲染则是通过加强色彩、光影等视觉元素，营造出浓郁的情感氛围。在文物陈列中，设计师可以通过选择合适的背景、灯光和色彩，来烘托文物的历史感和文化韵味，为观众营造出一种身临其境的感觉。

3. 模拟场景：通过模拟文物所处的历史环境或场景，使观众能够更直观地了解文物的历史背景和使用情境。这种手法有助于观众建立与文物的情感联系，增强其对文物的认同感和兴趣。例如，在展示古代生活用品时，可以模拟古代家庭的生活场景，让观众感受到文物在日常生活中的实际应用。

4. 大中见小与小中见大：这是一种通过对比手法来突出文物特点的表现手法。大中见小是通过展示大型文物或场景中的细节部分，来揭示其背后的故事或文化内涵；而小中见大则是通过展示小型文物或局部细节，来展现其背后的宏大历史或文化意义。这种手法能够引导观众更加深入地了解和欣赏文物。

5. 科学复原：基于科学研究和考古发现，对文物进行复原展示的手法。通过科学复原，观众可以看到文物的原貌或原始使用状态，更加直观地了解其历史价值和文化意义。这种手法需要依托专业的考古研究和科技手段，确保复原的准确性和真实性。

6. 以虚托实：通过虚拟或想象的手法来补充或扩展文物陈列的内容。例如，在展示某个历史时期的文物时，可以通过虚拟现实（VR）技术呈现当时的城市景象或生活场景，使观众能够更加全面地了解那个时代的风貌和文化。这种手法需要设计师具备丰富的想象力和创造力，同时注重与实物展品的协调与统一。

7. 解剖式展示：将文物进行拆解或分解，展示其内部结构和构造的手法。这种手法有助于观众更加深入地了解文物的制作工艺和技术水平，同时也有助于揭示文物背后的历史故事和文化内涵。然而，这种手法需要谨慎使用，避免对文物造成损害或破坏。

8. 光线的运用：光线在文物陈列中起着至关重要的作用。通过巧妙运用光线，可以营造出符合文物特性和展览主题的氛围和效果，同时突出文物的细节和质感。例如，柔和的自然光可以凸显文物的温润和光泽；而强烈的聚光灯则可以突出文物的某个特定部分或细节。此外，光线的色彩和投射方式也可以为展览增添趣味和互动性。在运用光线时，设计师需要注重与文物和展览空间的协调与统一，避免过度或不当的照明对文物造成损害。

第四节　陈列设计的实施与传播

.

一、博物馆展陈传播概述

（一）博物馆陈列展览

博物馆作为收藏、保护和传播人类文化历史艺术品的重要场所，其陈列的文物标本都是非常讲究的，涉及社会发展历史、自然演化与科学技术发展历史等内容，通过组合的方式更容易给观众带来整体性和综合性的视觉体验和感受。博物馆文物陈列摆放的方式，体现了其管理藏品的水平和能力，是评价博物馆综合工作能力的重要指标，是判断博物馆价值高低的重要依据。所谓展览指的是根据事物体现出的价值和意义进行有目的的摆放。对于博物馆陈列来说，其具有持续性和稳定性的特点，通常展览的周期时间比较短，会定期地更换陈列的方式。

从学术研究的角度来看，博物馆陈列展览的方式是非常重要的研究课题。人们大多会根据博物馆陈列展览的模式来评价和判断博物馆价值的高低。对于博物馆来说，陈列展览的受众群体是社会大众，观众的认可程度是由陈列展览的好坏来决定的，因此非常有必要分析研究博物馆的陈列展览问题。从本质上来看，陈列和展览没有太大的差别，因此本书将其当作一种传播方式来分析研究。

（二）博物馆陈列展览传播

所谓博物馆传播指的是以博物馆为平台，以研究、欣赏和教育为目的，给社会大众展示人类文化历史的艺术品和相关信息，实现人与文物展品的交换。[①]在确定什么是博物馆传播以后，就更容易去定义博物馆陈列展览传播。其本质上就是博物馆传播中的一个重要分支，其内涵和定义都是建立在博物馆传播的基础之上。笔者对博物馆陈列展览传播的定义为，以博物馆为空间媒介，将与人类发展和自然环境有关的文物，展示给社会大众，让他们去研究和欣赏，达到教化世人的目的，实现人类与文物的交互。

二、博物馆陈列展览传播要素

笔者在分析研究博物馆陈列展览传播的定义和内涵的基础上，进一步参考传播学的基本原理，利用所学的理论知识，去分析研究影响博物馆陈列展览传播的四大要素，首先是传播者，即博物馆的工作人员。其次是传播媒介，即博物馆陈列展览的空间，最后是馆藏信息和社会观众。以上四大要素是传播博物馆陈列展览的前提条件和基本要素。

（一）传播者

所谓传播者指的是利用特殊的传播手段对传播对象传递特定信息的主体，通常指的是博物馆的工作人员，比如讲解员和管理者等。但要进行明确界定的话，可将其分为两种类型：一种是设计陈列展览的工作人员，另一种是负责传播博物馆陈列展览的工作人员。两者最大的区别在于传播的参与情况，前者属于直接传播，而后者属于间接传播。直接传播者的主要职责在于指导馆藏陈列展览的具体事宜，俗称馆藏信息的把关人。间接传

---

① 李文昌.博物馆的传播学解读初探——传播学读书笔记［A］.中国博物馆协会博物馆学专业委员会、浙江省博物馆、中国博物馆协会博物馆学专业委员会论文集粹.

播者的主要职责是引导观众去参观和了解藏品信息内容。

（二）观众

从传播学的角度来看，将信息接收者定义为受众者，而不同的传播活动其受众者之间也存在一定的差异性。对于博物馆陈列展览来说，其受众就是社会观众，从本质上来看两者没有区别，只是在不同的研究定义的用词不一样。对于博物馆而言，观众是接受陈列展览传播活动信息的主体，也是开展传播活动的社会前提和基础。此外，观众也是参与和反馈陈列展览传播状况的主体。总而言之，观众在传播博物馆陈列展览的过程中发挥着举足轻重的作用。只有观众深刻地理解和接受了馆藏的信息，那么才算是一次成功的陈列展览传播。由此可见，观众既是博物馆陈列展览传播的主要对象，也是评价和检验博物馆工作状况的主体。

（三）传播内容

对于博物馆陈列展览来说，其传播的主要内容就是博物馆馆藏的信息，比如藏品的简介、编码、陈列展览的编号等。在设计陈列展览内容的时候要综合考虑两方面的因素：一种是藏品本身，另一种是观众。想要设计好的陈列展览内容，首先要调查清楚观众对藏品的了解程度，这是提高观众对博物馆工作认可程度的关键所在。

（四）传播媒介

所谓传播媒介指的是传递信息的过程中涉及的渠道和工具。在传播内容的过程中必须通过特殊的媒介采集，将信息内容传递给受众，离开了媒介的支持，就无法获得传递的有效途径，就无法成功地完成传播信息的任务。对于博物馆陈列展览来说，其传播媒介就是博物馆的各个展厅空间和配套的基础设施。展示空间属于特殊传播媒介的范畴，需要工作人员辅助才能完成传播和展示。

在互联网和数字信息技术的加持下，博物馆陈列展览的传播媒介不仅仅局限于实体展厅，还能通过互联网构建线上展示平台，这也是重要的传播媒介。所谓媒介是连接传播者和受众者的桥梁和纽带。对于博物馆的工作人员来说，想要更好地开展陈列展览传播活动，就必须充分利用好传播媒介。

三、博物馆陈列展览传播环节

（一）反馈

反馈本身是电子工程学概念的范畴，即受众者在接收到信息以后表现的态度和反应。从博物馆陈列展览的角度来看，这里的反馈指的是观众在观看陈列展览后表现出来的态度和评价，其判断标准在于观众接收到的信息内容是否达到了观众的心理预期。传播者在获取反馈信息以后，能够及时调整自己的传播行为和传播决策。博物馆陈列展览传播方式在加入反馈机制以后，就成为一种双向循环的模式，能够真实地体现陈列展览传播的效果。美国传播学家德弗勒在其研究中认为：传播的效果取决于观众的反馈结果以及传播者对反馈信息的重视程度。而观众作为参与博物馆陈列展览的主体，也是参与反馈的主体。观众参与的程度越深，反馈的信息量和可能性就越大。

（二）噪音

所谓噪音指的是在传播信息的过程中被其他的信息内容所影响和干扰。干扰的形式是多种多样的，比如收音机、电话、电视会受到静电的干扰产生杂音、失真和斑点等干扰源。这些干扰源要么是来自外界的信号渠道，要么存在于信息传播的过程中。而噪声则是一种最常见的干扰源。在博物馆陈列展览传播过程中，噪声干扰几乎会贯穿这个传播过程，对藏品信息的介绍、展示空间环境以及陈列内容的文字图片等都会造成不同程度的影响和干扰，这些都可以归类为噪音。需要注意的是，想要更好地开展博物馆陈列展览传播活动，就必须解决噪音干扰问题。

四、博物馆陈列展览传播模式

在分析研究影响博物馆陈列展览传播各要素后发现，各要素与传播流程之间是存在一定的主次关系的。想要更好地开展博物馆陈列展览传播活动，首先要搞清楚各影响要素对传播过程产生的不同程度的影响和干扰。

模式的作用在于将各种复杂难懂的理论简单化处理，变成便于理解且直观有效的理论。从传播学的角度来看，模式就是简单表达某种理论的方式，能够为人们省去许多复杂的理解过程，帮助人们全面且深入地了解和认识理论的本质和内涵。在传播学方面，经常会通过模式来解释理论，而一些研究成果的表现形式就是以模式为主，就算那些隐藏在传播过程中的关联性，也能用模式来很好的展示和表达。由此可见，在解释那些复杂关系和隐藏信息方面，模式的表达和展示效果是非常理想的。

传统的传播模式主要分为三种类型：首先是线性模式，即拉斯韦尔模式和申农韦弗模式。其次是控制论模式，即德弗勒和奥斯古德施拉姆模式。最后是社会系统模式，即赖利夫妇和马莱茨克模式。

对于博物馆陈列展览来说，其传播模式具有大众化的特点，其传播各环节与拉斯韦尔传播模式是比较契合的。

五、博物馆陈列展览传播特点

（一）实物性

对于博物馆陈列展览传播活动来说，实物性是最基本的属性和特点。

博物馆的主要职责就是向观众展示和介绍真实的文物。苏联博物馆学家认为：博物馆的馆藏资源就是开展工作的物质前提和条件，这一观点得到了中国博物馆界的普遍认可，在中国博物馆教科书中也明确认可了这一观点和看法。[①]博物馆的核心所在就是实体文物，而施莱纳在其研究中认为：博物馆的物就是观众了解和认识博物馆价值内涵的先决条件。博物馆的实体物质所蕴含的信息是不会受到人的主观意识干扰和影响的，是客观存在的历史事实，这是其他传播机构无法为观众提供的知识信息。而博物馆的物，本质上就是藏品及其背后的故事，这些都是真实的历史事实，所以具有一定的实物性特点。而这一特点也是开展博物馆陈列展览传播工作的出发点。

（二）真实性

真实性是建立在实物性的基础上的。博物馆内收藏的文物，其本身具有一定的真实性和原始性，他们背后蕴藏着真实的客观历史，他们携带的历史信息是真实的，是历史的见证物，所以博物馆陈列展览传播活动具有真实性的特点，这也是博物馆产生信誉的前提条件。开展博物馆展览传播活动的目的在于传播和验证藏品的真实性特点，让观众去深刻了解藏品背后的文化价值和历史故事。

在设计博物馆陈列展览活动内容之前，首先要了解藏品本身的真实性，不能带有主观色彩进行判断，判断和选择必须是客观公正的。其次要了解藏品的时代意义，比如藏品背后的文化背景、社会现象、历史事件等内容，这些都要做到实事求是，不能刻意编造、夸大其词，更不能无中生有、信口开河，特别是在介绍藏品的精神和文化价值时更要坚持实事求是

---

① 苏东海. 博物馆沉思——苏东海文选（卷二）[M]. 北京：文物出版社，2006：33.

的基本原则。

（三）直观性

博物馆内收藏保管的历史文物和资料都是不可替代的，而陈列展览传播的途径大多是以构建实体模型、展示图片信息资料等方式为主，这些展出的文物资料都是人类与自然历史文明的见证物，具有形象性、直观性等特点，很容易引起观众的情感共鸣，这也是开展博物馆传播活动的优势所在，是其他传播活动无法比拟的。

经过科学研究表明，人在接收感官刺激的时候更容易产生情感上的共鸣，这种传播方式的效果是非常理想的。对于博物馆陈列展览活动来说，基于各类藏品的特色，精心地设计陈列展览的内容，将历史文物和资料的价值发挥到最大化，通过组合的方式将其进行陈列展览，再搭配上对应的现场讲解、多媒体设备、视听影像等，更容易让观众深刻地了解陈列展览的主题内容以及其背后深层次的含义和用意，帮助观众更加全面地了解各方面的知识内容，比如历史文化、社会经济、科学技术等。以实际文物为展品的方式能够给观众带来不一样的视觉体验和感受，更容易引起观众情感上的共鸣，更容易拉近人与文物之间的距离，更好地实现人与物的交互。一些博物馆举办的陈列展览活动，还会设置观众互动体验的环节，这些都是其他传播活动所不具备的优势和特点。

（四）时空共享性

在不同的时间空间，藏品的信息会被不同的观众所接受和利用。藏品信息传播者在传递信息以后不会对自身造成任何影响，但观众却能获得与之相匹配的信息内容。在互联网和数字信息技术的加持下，许多博物馆在馆内创建了虚拟陈列展厅。由此可见，传播博物馆藏品信息的途径不仅局限于博物馆展厅本身，还能存在于互联网平台之中，打破了观众参观博物馆的时空限制，使博物馆藏品具有一定的时空共享性特点。

六、博物馆展陈新传播格局

从世界博物馆发展的形势来看，当代博物馆的各种业务活动中，展陈新传播和教育是其运作的中心环节。"教育"既是博物馆的一项社会职责，又是其主要目标与职能。而且教育活动并非以对大众进行教育为目标，而是通过启发的方式，激发大众树立目标，为大众创造一个参加学习和获得教育经验的地方。目前，在做好基本工作的前提下，还应该适时地举办各项有针对性的特展，这已经成为博物馆从业者的共识，更是一步步在逐渐落实当中。

（一）特展：开辟博物馆展览教育个性化

在基础展陈新传播完成之后，博物馆的教育工作也正式开始。在初期兴奋冷却之后，游客的人数已经有了明显的下降。博物馆工作者深知，要想保持观众的热情，一个接一个的特别展览是十分有必要的。在中国，专题展览被视为吸引观众的一项重大措施，受到了各大博物馆的广泛关注。

1. 特展：涵盖主题多元、新鲜，新媒体技术实验平台

基础陈列展览传播反映了博物馆的本质和使命，它在博物馆的信息交流中居于中心位置。一旦成型，就会持续很长一段时间，可能是十年以上，也可能更长。这样的特点，让策划人员在布置展览的时候需要特别注意，这就需要符合主流的文化，将经历过主流思想的某些社会回忆展现给受众，而这样的一个社会特点，也让策划人员在整体设计上倾向于寻求古典的、保守的、严肃的风格。与常设展相比，特展是指博物馆相继推出的一些持续时间不长、灵活性针对性较强的、规模相对比较不大的展览，它追求的就是短时效应。与基础展览相比，其受到的社会接纳程度将更高，因此在策展主题及表现方式的选取上，也更具独立性。特展的题材更加广

泛，能够紧跟时事，一些当下颇具争议的题材审核也较为不严苛。

同时，伴随着博物馆的展览理念和展览技巧的迭代，特展更被看作是一种展现新思想、新技术的展示台，而"互联网+"模式和新媒体技术等的运用更是进一步推动了博物馆展览领域的发展。在科技飞速发展的今天，基于新资讯技术的新媒体日益占据着信息交流的主导位置，作为全民科普重要途径的博物馆，也要与时俱进，将新的理念纳入进来，积极探索新的科普方式和方法。

2. 特展：活化博物馆传统角色

特展因其题材和形式的多样性而备受关注，从而让博物馆的文化内涵得到了充实，扩大了它在社会正能量价值传播中的作用，让它不再仅仅是一个记录着人类文明的纪念碑和里程碑，而是一个供人们实现双向交流和多项交流的聚集地。由于它时间短、规模小的时空特性，特展的灵活性更强，能够创造的短时价值更大，因此它的衍生性和衍射性也更强，其能够紧跟时事，对突发的社会热点事件做出响应，回应敏感问题和敏感话题。如此高的自由度，使得它可以更好地关注多元族群的多元文化需求，并为他们提供一个可以畅所欲言的平台。

（二）依托特展释放展览教育新活力，开拓博物馆展陈新格局

特展能够满足更多受众的精神和文化需要，这也是其吸引受众的关键，其最终目标是要提高博物馆的展览教育职能，提高其普世性，开辟博物馆科教兴国的新局面。

1. 释放展览教育个性化活力

特展的题材表达一定要新颖，要有很强的向心力，要能够吸引受众。与常设展览相比，特展在主题表达上应尽量采取更加有趣和新颖的方法。当人们路过博物馆或特殊展厅时，或从新闻媒介中了解到有关展览的信息时，一个很好的专题介绍常常会立即勾起他们的参观欲望。

2. 彰显展览教育开放性与多样性活力

与常设展相比，特展的主题应该更侧重于具有启发意义的内容，这样才能提高受众的思想维度，帮助他们打开格局，开拓视野，同时还能提高自身主题的吸睛度，增加受众黏性。在常设展中，展览的题材常常侧重于"普遍性""代表性"和"稳定性"，宣传的是长效价值。而特展与常设展览相比，局限性较少，灵活性也更强。

3. 多维度创新特展

（1）内容创新：打造活动品牌、紧扣科普热点

第一，针对本馆性质与使命展开活动。当代博物馆的展览教育，不但可以博古通今，也可以以史为鉴，帮助人们解答各种当下的时事问题，甚至可以为未来的发展方向提供借鉴，毕竟历史都存在着惊人的相似。因此，当今科学博物馆的展览教育，往往以环保与科技为主旨。而在展览中，常设展与特展相结合，则是一种较为常见的展览方式，很多的博物馆能够与时俱进，除常设展外，还会定期举办各种主题的特展。

第二，针对常设陈列与特展展开活动。博物馆应该与观者及时地进行交互：让观者懂得藏品的重要价值和历史禀赋。藏品自身不能反馈价值，而博物馆可以，这也是历史赋予博物馆的历史价值使命。在现有馆藏的基础上，策划一系列特展，深入发掘馆藏的历史文化内涵。许多观众在观看过这些展品后，得到的最多的意见就是，博物馆的展品种类实在是太多，一次无法将它们全部解读，抑或观众对某个领域非常有兴趣，想要知道更多的有关信息。因此，这就要求博物馆的工作人员思考，能否在特展这一形式下，对常设展览的展品，或是在仓库中还没有展览出来的收藏品，展开针对性较强的特展，让馆藏品的科普价值得到最大程度的体现。可以将这个计划定型，做成常设的特展。

（2）形式创新

第一，新媒体技术的广泛应用。随着新媒体技术的广泛应用，为博物馆扩大了更多的展览主题，为其提供了一个巨大的发展空间。在大型的博物馆中，拥有大量的收藏品，而且在每一件收藏品的背后，都会有一个非常有趣的故事。因此，展览藏品的同时，讲述其背后的故事，通过新媒体的方式传播出去，具有更高维度的普世价值。

第二，转变策展思路，邀请观众共同策展。当前，虽然各大博物馆都有自己的论坛，可以为受众提供畅所欲言的平台，但众口难调，根据受众的意见，举办专项特展依然较为困难。大多数情况下，参观者只是一个接受者，并不能直接参与到策展和布置中。为此，部分博物馆出于长期的教育和培训目的，以专题的形式，积极邀请社会大众参与策展。通过博物馆陈列展览传播实现教育是一场持续地向公众展览变革的进程。在当今世界朝着民主化、大众化以及文化多元化方向发展的同时，博物馆也更加重视用题材新颖的专题特展来吸引受众，这不但表现在常设展的更新周期上，还表现在持续地推出各种类型的特展方面。

特展的展览主题能够覆盖到常设展没有覆盖到的地方，比如某专项领域取得的突破性进展以及重大科研项目成果等。除此之外，伴随着博物馆展览理念和展览技术的持续进步，特展也被看作是一个最好的试验平台，它可以拔高受众的思维层级，开拓受众的视野，为受众打开新世界的大门。

第五章　博物馆文物陈列的科技应用与创新

第一节　科技在陈列设计中的应用

科技在博物馆文物陈列设计中的应用已经变得日益重要，它不仅丰富了展览的形式和内容，还提升了观众的参观体验。以下是一些科技在陈列设计中的应用。

一、数字化技术

虚拟现实（VR）和增强现实（AR）

·VR体验：观众可以通过VR设备进入历史事件的现场，增强对历史的感知和理解。

·AR识别展示：通过手机扫描文物，观众可以看到受损文物的原貌，了解文物的历史简介和制作工艺等。

·AR虚拟导览：为观众提供沉浸式的参观体验，引导他们深入了解博物馆的内容。

·3D打印技术：对于残缺的珍贵文物，3D打印技术可以获取其精确数据，实现文物的完美修复。

二、多媒体技术

·多媒体立体画：通过透视方法，为观众呈现三维立体的视觉效果，使文物更加生动和真实。

·动态影像展示：利用多媒体技术和投影设备，为观众展示流动的画面，将文物置身于动态背景中，展示其时代背景和历史价值。

·4D影院：提供身临其境的观影体验，增强观众对文物背后故事的理解。

三、互动技术

·交互式故事墙：观众可以通过互动屏幕查看文物的不同角度，进行细节化鉴赏，了解文物的功能和历史。

·体感互动：通过体感互动技术和动作捕捉系统，观众可以更加直观地体验到工艺制作过程。

四、软硬件技术

虚拟翻书、物体识别、感应装置等软硬件技术，使观众与文物之间的交互更加自然和轻松。

五、高科技设备与环境设计

在展览设计中融入高科技设备，如智能照明、温湿度控制、背景音乐等，为观众营造舒适的参观环境。同时，确保这些设备与环境融合，不影响观众的参观体验。

六、数据分析与人工智能

·利用数据分析工具，博物馆可以了解观众的参观习惯和兴趣点，优化展览布局和内容。

·人工智能可以为观众提供个性化的参观建议和内容推荐。

综上所述，科技在博物馆文物陈列设计中的应用不仅提升了展览的趣味性和互动性，还增强了观众对文物和历史的理解。未来，随着技术的不断发展，我们期待更多的创新应用出现在博物馆的陈列设计中。

第二节　数字展示技术

数字展示技术在博物馆文物陈列中扮演着重要角色，它不仅能够增强观众的体验感，还能方便观众了解展品的相关信息。以下是一些常见的数字展示技术及其在博物馆中的应用。

一、视频展示

通过制作数字视频，在屏幕上播放展品的历史背景、制作过程、相关文化等内容。这种方式让观众能够更全面地了解展品，同时增加展览的趣味性。

二、互动式屏幕

观众可以通过触摸屏幕选择不同的展品，了解相关信息，或进行一些互动体验。这种技术增强了观众的参与感，使展览更加生动有趣。

三、虚拟现实（VR）展示

利用虚拟现实技术，观众可以沉浸在展品的世界中，如在历史建筑中漫游、在博物馆中观赏艺术品等。这种技术为观众提供了全新的观展体验，增强了他们对展品的感知和理解。

四、声音展示

通过音响系统播放与展品相关的音频，如音乐、声音效果等。这种方式为观众创造了更加真实的展览环境，增强了他们的沉浸感。

五、3D打印

将展品制作成数字化的3D模型，并通过3D打印技术进行实体化展示。观众可以近距离观察展品的细节，了解其结构和特点。

六、数字化文本展示

通过数字技术将文字资料进行数字化处理，在屏幕上展示相关文字资料。这种方式方便观众了解展品的背景信息和文化内涵。

这些数字展示技术不仅丰富了博物馆的展览形式和内容，还提高了观众的参与度和体验感。未来，随着技术的不断发展，我们期待更多的数字展示技术应用于博物馆文物陈列中，为观众带来更加丰富多彩的观展体验。

第三节　交互式展示技术

交互式展示技术在博物馆文物陈列中的应用日益广泛，为观众提供了更加沉浸式和参与式的观展体验。以下是几种常见的交互式展示技术及其在博物馆文物陈列中的应用。

一、触摸屏技术

触摸屏技术是最常见的交互式展示技术之一。在博物馆中，观众可以通过触摸屏浏览文物信息、观看相关视频、参与互动游戏等。这种技术使观众能够主动参与到展览中，增强了他们的参与感和兴趣。

二、增强现实（AR）

AR技术可以将虚拟信息叠加到真实环境中，为观众提供更加丰富和有趣的观展体验。在博物馆中，观众可以通过AR技术看到文物的三维模型、虚拟还原历史场景等。这种技术不仅增强了观众对文物的理解，还激发了他们的好奇心和想象力。

三、感应式展示

感应式展示技术通过传感器和互动装置，使观众可以通过触摸、移动等方式与展品进行互动。例如，观众可以通过手势控制屏幕上的图像变化，或者通过触摸展品来触发声音、灯光等效果。这种技术为观众提供了一种全新的互动体验，增强了他们的参与感和沉浸感。

四、互动投影

互动投影技术可以将影像投射到地面、墙面等平面上，观众可以通过触摸或移动身体与影像进行互动。在博物馆中，这种技术可以用于展示文物背后的历史故事、模拟历史场景等。观众可以通过与影像的互动，更加深入地了解文物和其历史。

五、虚拟现实（VR）

虽然 VR 更多被归类为数字展示技术，但其交互性也非常强。VR 技术为观众提供了完全沉浸式的观展体验，他们可以通过头戴设备进入虚拟的博物馆环境，与文物进行互动。这种技术使观众能够身临其境地感受历史和文化，增强了他们的参与感和体验感。

六、智能导览系统

智能导览系统通过语音识别、人脸识别等技术，为观众提供个性化的导览服务。观众可以通过语音指令或手势操作，获取文物的详细信息、观看相关视频等。这种技术使观众能够更加方便地了解文物和展览内容，提高了他们的参观效率和体验感。

综上所述，交互式展示技术为博物馆文物陈列带来了更加丰富的互动体验和参与感。这些技术不仅增强了观众对文物的理解和兴趣，还提高了他们的参观效率和满意度。未来，随着技术的不断发展，我们期待更多的交互式展示技术应用于博物馆文物陈列中，为观众带来更加丰富多彩的观展体验。

第四节　虚拟现实与增强现实技术

虚拟现实（Virtual Reality，简称 VR）与增强现实（Augmented Reality，简称 AR）技术在博物馆文物陈列中的应用为观众带来了前所未有的互动和沉浸式体验。这两种技术虽然相似，但各有其独特之处。

一、虚拟现实（VR）技术

（一）沉浸式体验

VR 技术通过头戴式显示器（HMD）和其他传感设备，为观众创造了一个完全虚拟的环境。观众仿佛置身于一个三维空间中，可以与虚拟的文物进行互动，仿佛真的回到了过去。这种沉浸式的体验使得观众能够更加深入地了解文物背后的历史故事和文化内涵。

（二）交互性

VR 技术允许观众与虚拟文物进行交互，如旋转、放大、缩小等。观众可以通过手柄或其他输入设备，对虚拟文物进行各种操作，仿佛真的在触摸这些珍贵的文物。这种交互性增强了观众对文物的认知和理解，也使得展览更加有趣和吸引人。

二、增强现实（AR）技术

（一）真实与虚拟的结合

AR 技术将虚拟信息叠加到真实世界中，使得观众可以在真实环境中看到虚拟的文物或场景。例如，观众可以通过 AR 技术，在博物馆的展厅中看到虚拟的文物模型或历史场景。这种真实与虚拟的结合，使得观众能够更加方便地了解文物和历史，同时也增强了展览的趣味性和吸引力。

（二）移动性和便携性

AR 技术通常通过智能手机、平板电脑等设备来实现。观众可以随时随地通过这些设备来体验AR展览，无需佩戴特殊的头戴设备。这种移动性和便携性使得AR技术在博物馆文物陈列中具有广泛的应用前景，特别是在线上展览和移动展览中。

三、虚拟现实与增强现实的融合

未来，VR和AR技术有望在博物馆文物陈列中更加紧密地结合。例如，观众可以通过AR技术在真实环境中看到虚拟的文物模型，然后通过VR技术进入这些模型内部进行更加深入的探索。这种融合将进一步提高观众的参与度和体验感，使得博物馆文物陈列更加生动、有趣和富有创意。

第六章　博物馆文物陈列的观众体验与教育

第一节　陈列与观众体验的关系

博物馆文物陈列与观众体验之间存在着密切的关系。陈列方式不仅影响观众对文物的认知和理解，还直接关系到观众的整体参观体验。以下是陈列与观众体验之间关系的一些关键方面。

一、信息传递与接收

（一）陈列作为信息传递的媒介

博物馆的文物陈列是一种有效的信息传递方式。通过精心设计的展览布局、标签、展示方式等，博物馆可以向观众传递关于文物的历史、文化、艺术价值等信息。

博物馆的文物陈列不仅仅是简单的物品摆放，更是一种富有策略和艺术性的信息传递方式。这种信息传递方式具有独特性和高效性，对于观众来说，它是了解文物背后故事、历史文化背景和艺术价值的重要途径。

作为信息传递的媒介，博物馆的文物陈列需要考虑到信息的清晰度、准确性和吸引力。在展览布局方面，博物馆通常会根据文物的历史年代、文化背景或艺术风格等因素进行分区展示，使得观众能够按照一定的逻辑顺序来浏览和理解文物。这种布局不仅有助于观众建立起对文物整体的认识，还能够引导观众逐步深入探索各个文化领域。

标签和展示方式也是博物馆文物陈列中不可或缺的信息传递工具。标签通常会提供文物的名称、年代、材质、用途等基本信息，帮助观众建立起对文物的初步认识。而展示方式则通过灯光、背景、道具等手段来突出文物的特点，使其更加生动、直观地呈现在观众面前。这种展示方式不仅能够吸引观众的注意力，还能够增强他们对文物艺术价值的感知。

除了基本信息的传递外，博物馆的文物陈列还能够向观众传递更深层次的文化内涵和历史意义。通过展示一系列具有代表性的文物，博物馆可以让观众了解到一个文化或历史时期的整体风貌和发展脉络。这种展示方式不仅有助于观众建立起对文物背后文化的理解，还能够激发他们对历史和文化的兴趣。

（二）观众的信息接收与解读

观众的体验在很大程度上取决于他们如何接收和解读这些信息。观众的背景知识、兴趣点、参观目的等因素都会影响他们对文物陈列的理解和感受。

观众的体验在博物馆文物陈列中占据至关重要的地位，而这种体验在很大程度上取决于他们如何接收和解读所展示的信息。这一过程涉及多个因素，包括观众的个人背景知识、兴趣点以及参观目的等。

首先，观众的个人背景知识对信息接收和解读具有显著影响。具有丰富历史和文化知识的观众可能更容易理解文物的深层含义和价值，而缺乏相关背景的观众可能需要更多的辅助信息来帮助他们理解。因此，博物馆在陈列设计时，需要考虑到不同观众的知识背景，提供适当的信息支持和解释，以确保所有观众都能够获得满意的参观体验。

其次，观众的兴趣点也会影响他们对文物陈列的解读。对于某些观众来说，他们可能对某个特定时期或文化的文物特别感兴趣，而对于其他观众来说，他们可能更关注艺术风格或技术工艺。因此，博物馆需要了解并满足不同观众的兴趣需求，通过多样化的展览内容和形式，吸引他们的注意力并激发他们的好奇心。

最后，观众的参观目的也会影响他们对文物陈列的接收和解读。一些观众可能希望深入了解某个文物的历史背景和文化内涵，而另一些观众可能只是希望享受一个轻松愉快的参观过程。为了满足不同观众的参观需求，博物馆需要提供多样化的导览服务和互动体验，让观众能够根据自己的目的和兴趣来选择适合自己的参观方式。

二、情感共鸣与参与感

（一）情感共鸣的触发

博物馆文物陈列的目的之一是激发观众的情感共鸣。通过展示具有历史意义、文化价值或艺术美感的文物，可以触发观众的情感反应，增强他们的参观体验。

博物馆文物陈列不仅仅是关于历史和文化的传递，更是关于情感共鸣的触发。每一件文物都承载着一段历史或一个故事，它们见证了人类文明的进步和发展，也见证了人类情感的演变和传承。因此，当观众站在这些文物面前时，他们不仅是在了解历史和文化，更是在与这些文物进行情感上的交流和对话。

当观众看到一件具有历史意义的文物时，他们可能会被文物所承载的历史事件所震撼，感受到历史的厚重和沧桑。这种情感共鸣可以激发观众对历史的敬畏和尊重，也可以让他们更加珍惜当下的生活。

当观众看到一件具有文化价值的文物时，他们可能会被文物所展现的文化魅力所吸引，感受到不同文化之间的差异和共融。这种情感共鸣可以拓宽观众的文化视野，增强他们的文化认同感和自豪感。

当观众看到一件具有艺术美感的文物时，他们可能会被文物的造型、色彩、线条等艺术元素所打动，感受到艺术的魅力和力量。这种情感共鸣可以让观众沉浸在艺术的世界中，享受美的愉悦和启迪。

（二）参与感的提升

1. 交互式陈列、触摸式展示等互动方式可以提升观众的参与感

观众可以通过与文物的互动，更加深入地了解文物的故事和背景，从而增强他们的参观体验。参与感是博物馆参观体验中不可或缺的一部分，它能够使观众更加积极地投入展览中，与文物产生更紧密的联系，从而深化对文物背后故事的文物陈列中，提升观众的参与感是至关重要的。当观众能够亲身参与并与文物产生互动时，他们的参观体验会变得更加丰富和深刻。为此，博物馆可以采取一系列措施来提升观众的参与感。而交互式陈列和触摸式展示等互动方式，正是提升观众参与感的有效途径。

交互式陈列通过运用现代科技手段，如触摸屏、传感器等，为观众提供了与文物互动的机会。例如，在展览中设置触摸屏，观众可以通过触摸屏幕来查看文物的详细信息、观看相关视频或听取音频解说。观众不再只是被动地观看文物，而是可以主动地参与到展览中，通过触摸、操作等方式与文物进行互动。这种交互方式不仅让观众更加主动地参与到展览中来，还能帮助他们更深入地了解文物的故事和背景。这种互动不仅能够让观众更加深入地了解文物的故事和背景，还能够增强他们的好奇心和探索欲望，使参观过程变得更加有趣和富有意义。

2. 触摸式展示也是提升观众参与感的重要手段

触摸式展示则通过让观众直接触摸文物，提供了一种更加真实和直接的互动体验。通过允许观众触摸文物，他们可以更加真实地感受到文物的质感和历史沧桑。触摸可以让观众更加深入地感受文物的质地、纹理等细节特征，从而更加深入地理解文物的历史和文化价值。例如，一些博物馆会提供触摸式展示箱，观众可以通过触摸箱内的文物来感受其材质和工艺。这种互动方式让观众与文物之间建立了更加紧密的联系，增强了他们的参观体验。同时，触摸式展示也能够增强观众的情感体验，让他们与文物产生更加紧密的情感联系。

3. 除了交互式陈列和触摸式展示外，博物馆还可以通过其他方式来提升观众的参与感

除了以上两种方式，博物馆还可以通过举办临时特展、设置互动游戏、开展讲座和研讨会等方式来提升观众的参与感。这些活动不仅为观众提供了更多了解和参与的机会，还能激发他们对历史和文化的兴趣。例如，可以设置互动体验区，让观众参与到文物修复、制作等活动中，让他们更加深入地了解文物的制作过程和保护意义。

三、教育功能的实现

（一）知识的传递与教育

博物馆作为收藏、研究和展示人类文化遗产的重要场所，其核心价值之一就是通过文物陈列来传递知识并实现教育功能。文物不仅是历史的见证，更是文化的载体，它们蕴含着丰富的历史、文化、艺术等方面的信息。因此，博物馆的文物陈列在知识的传递和教育中发挥着不可替代的作用。

首先，博物馆的文物陈列通过展示具有代表性的文物，帮助观众了解不同历史时期的文化背景和社会变迁。观众可以通过观察文物的造型、材质、工艺等方面，了解当时的社会风貌、人们的生活方式和审美观念。这种直观的教育方式不仅让观众感受到历史的厚重和文化的瑰丽，还能激发他们对历史学习的兴趣和热情。

其次，博物馆的文物陈列还可以帮助观众提升艺术鉴赏能力和审美水平。在展览中，观众可以欣赏到各种艺术品，包括绘画、雕塑、陶瓷等。通过欣赏这些艺术品，观众可以了解到不同艺术流派的特点和风格，提升自己的艺术鉴赏能力。同时，观众还可以通过与文物的互动和比较，培养自己的审美眼光和品位。

最后，博物馆还可以通过举办临时特展、专题讲座、互动体验等活动来丰富展览内容，提高观众的参与度和学习效果。这些活动不仅可以让观众更加深入地了解文物的背后故事和文化内涵，还能拓宽他们的知识视野和思维方式。

综上，通过展示具有代表性的文物和举办丰富多彩的教育活动，博物馆可以帮助观众了解历史、文化和艺术等方面的知识，提升他们的文化素养和审美能力。同时，博物馆还可以激发观众对历史和文化的兴趣和热情，培养他们的终身学习能力。

（二）教育方式的创新与个性化

随着社会的发展和观众需求的多样化，博物馆在教育方式上也需要不断创新和个性化，以满足不同观众的需求和兴趣。这种创新和个性化不仅体现在展览内容和形式上，还体现在教育项目的设计和导览服务的提供上。

首先，博物馆可以针对不同年龄段的观众设计相应的教育项目。对于儿童和青少年观众，可以通过寓教于乐的方式，如设置互动游戏、开展手工制作等活动，让他们在参与中学习到历史和文化知识。对于成年观众，则可以提供更为深入和专业的讲座、研讨会等活动，满足他们对历史和文化的深入探究需求。

其次，博物馆还可以提供个性化的导览服务，让观众能够根据自己的兴趣和需求来定制参观路线和内容。例如，通过开发智能导览系统，观众可以根据自己的兴趣点选择参观的文物和展览区域，获取相关的信息和解说。这种个性化的导览服务不仅提高了观众的参与度和体验感，还能帮助他们更加深入地了解文物的历史和文化背景。

最后，博物馆还可以利用现代科技手段来创新教育方式。例如，通过虚拟现实（VR）、增强现实（AR）等技术，观众可以身临其境地感受历史场景和文化氛围，获得更加真实和深刻的教育体验。同时，博物馆还可以利用社交媒体等网络平台，与观众进行互动和交流，拓宽教育的渠道和形式。

四、陈列设计与观众体验的优化

（一）考虑观众需求与兴趣

在设计文物陈列时，考虑观众的需求与兴趣是博物馆工作中的一项核心任务。这是因为博物馆不仅是一个保存和展示文化遗产的场所，更是一个服务公众的教育和休闲空间。只有当博物馆的陈列方式符合观众的兴趣和需求时，才能吸引更多的观众前来参观，从而有效地发挥其社会功能。

为了更全面地了解观众的需求和兴趣，博物馆可以采取多种手段来收集和分析观众信息。例如，通过发放调查问卷，博物馆可以了解观众对展览内容、展览形式、互动体验等方面的期望和偏好。这些问卷可以在观众参观结束后发放，以便收集到他们最真实的反馈。同时，博物馆还可以通过社交媒体、官方网站等渠道收集观众的在线评论和反馈，了解他们对展览的评价和改进意见。

在收集到观众反馈后，博物馆需要认真分析这些信息，找出观众的需求和兴趣点。例如，如果观众对某个时期的文物特别感兴趣，博物馆可以在后续的展览中增加相关文物的展示数量和深度。如果观众对互动体验有较高的期望，博物馆可以引入更多的科技手段，如虚拟现实（VR）、增强现实（AR）等，为观众创造更加生动、有趣的参观体验。

除了根据观众反馈来调整和优化陈列方式外，博物馆还可以通过其他方式来满足观众的需求和兴趣。例如，针对不同年龄段的观众，博物馆可以设计不同主题的展览和活动。对于儿童和青少年观众，可以设计一些寓教于乐的活动，如手工制作、互动游戏等；对于成年观众，则可以提供更为深入和专业的讲座、研讨会等。此外，博物馆还可以与社区、学校等机构合作，开展一些有针对性的教育和推广活动，以满足不同观众群体的需求。

通过收集和分析观众信息、调整和优化陈列方式、开展有针对性的教育和推广活动等手段，博物馆可以为观众提供更加优质、个性化的参观体验，从而更好地实现其社会功能和文化传播的目标。同时，这也将有助于提升博物馆的知名度和影响力，吸引更多的观众前来参观和学习。

（二）创造舒适与有趣的参观环境

博物馆作为文化传承和公众教育的重要场所，其环境的设计对于提升观众的参观体验至关重要。一个舒适、有趣且易于导航的参观环境，不仅能够吸引更多的观众前来参观，还能使他们在享受文化盛宴的同时，得到身心的放松和愉悦。

首先，清晰的指示牌是确保观众顺利参观的关键。在博物馆的各个入口、走廊和展区，应该设置醒目的指示牌，明确指示各个展区的位置、开放时间以及参观路线。指示牌的设计也应注重美观和易读性，以便观众能够快速找到所需的信息。同时，博物馆还可以提供多种语言的指示牌，以满足不同国籍观众的需求。

其次，舒适的休息设施对于提升观众的参观体验同样重要。观众在参观过程中可能会感到疲劳或需要休息，因此博物馆应提供足够的休息设施，如座椅、饮水处等。这些设施应设置在合理的位置，方便观众随时使用。此外，博物馆还可以考虑设置一些安静的休息区，供观众休息和放松。

除了以上两点，有趣的互动展示也是提升观众参观体验的有效手段。通过引入科技手段、设置互动游戏、举办临时特展等方式，博物馆可以为观众创造更加生动、有趣的参观体验。这些互动展示不仅能增强观众对文物的兴趣和理解，还能激发他们的好奇心和探索欲望。

此外，博物馆的参观环境还应注重空间布局和照明设计。合理的空间布局能够使展区之间相互呼应、形成连贯的参观流线，而良好的照明设计则能凸显文物的细节和美感，为观众营造出一个舒适、温馨的参观氛围。

第二节 陈列的叙事性设计

在博物馆的文物陈列中，叙事性设计是一种非常重要的策略，它有助于观众更深入地理解和体验所展示的文物及其背后的历史故事。叙事性设计强调通过一系列有序、连贯的展示，将文物的故事以引人入胜的方式呈现给观众。

首先，叙事性设计要求博物馆在策划展览时，明确展览的主题和核心信息。这有助于确定展览的整体框架和展示顺序，使观众能够清晰地理解展览的主旨。例如，如果展览的主题是某个历史时期的文化变迁，那么博物馆就应该按照时间顺序，从早期文化开始，逐步展示文化的发展和演变。

其次，叙事性设计强调文物的选择和组合。博物馆需要精心挑选具有代表性的文物，并通过合理的组合和布局，展现文物之间的联系和故事发展。这要求博物馆对文物有深入的了解和研究，能够从中挖掘出有价值的信息和故事。

再次，叙事性设计注重展示手段的运用。博物馆可以通过文字说明、图片、音频、视频等多种方式，为观众提供丰富多样的信息。同时，博物馆还可以利用灯光、色彩、空间布局等设计元素，营造出与文物相匹配的历史氛围，使观众能够身临其境地感受历史的魅力。

最后，叙事性设计强调观众的参与和互动。博物馆可以通过设置互动环节、提供导览服务等方式，引导观众积极参与展览的叙事过程。这不仅能够增强观众的参观体验，还能够使他们在参与中更加深入地了解文物的故事和背景。

第三节　陈列的教育性设计

教学手段单一确实是许多课程面临的问题，尤其在理论性较强的课程中，如《博物馆陈设设计》。传统的课堂理论授课方式，以文字加图片的课件形式进行，往往使学生感到枯燥和难以理解。这种"念课本、读课件"的教学方式缺乏互动和实践，难以激发学生的学习兴趣和积极性。

为了解决这个问题，案例教学被证明是一种有效的教学方法。案例教学通过模拟或重现现实生活中的场景，让学生置身于真实的情境中，通过分析和讨论案例来学习。这种方法能够使学生更加深入地理解课程内容，提高他们的学习兴趣和积极性。

在《博物馆陈设设计》课程中，案例教学尤为重要。因为这门课程不仅涉及理论知识，更要求学生具备实践能力和创新思维。通过案例分析，学生可以了解到博物馆陈设设计的实际操作过程，学习到如何根据有用功能进行审美设计，以及如何处理设计与实际使用之间的关系。

例如，在讲授博物馆陈设厅装修设计时，教师可以引入一些成功的和失败的案例供学生分析。通过分析这些案例，学生可以了解到不同的设计理念和方法，以及它们在实际应用中的效果。同时，教师还可以引导学生讨论审美功能与有用功能之间的关系，帮助他们建立正确的设计观念。

为了消除学生对审美功能与有用功能之间关系的疑虑，教师可以提供一些因审美功能未能满足有用要求而造成文物损毁的案例。这些案例可以让学生认识到，虽然审美功能在博物馆陈设设计中很重要，但有用功能同样不可忽视。如果设计过于追求审美效果而忽略了有用性，可能会造成文物损毁等严重后果。

除了案例教学外，教师还可以采用其他多样化的教学手段，如实地考察、实践操作、小组讨论等，来丰富课程内容，提高学生的学习兴趣和积极性。同时，教师还应该不断更新教学内容和方法，以适应不断变化的教育环境和学生需求。

1998年6月，湖北省博物馆为了展示曾侯乙墓出土的珍贵文物，精心筹备了编钟馆的布展工作。然而，在壁龛的承重构造设计上，施工方为了追求展出的视觉效果，选择了木构造。令人痛心的是，2023年2月6日上午10时许，一场突如其来的事故发生了。国宝级文物青铜器"九鼎八簋"

所在的壁龛顶部，一块重达50公斤的玻璃突然垮塌，瞬间将两鼎两簋砸毁，造成了无法估量的损失。

这一事件为我们敲响了警钟，提醒我们在博物馆陈设设计中，必须充分考虑到内容和形式的关系。内容应当充实，形式应当服务于内容，而不是掩盖或淡化内容。如果形式过于张扬，展线显得空洞，那么即便再现代化的陈设手段，也难以掩盖其内在的不足。

为了让学生深刻理解这一点，笔者经常以一些博物馆的失败展线为案例进行分析。比如湖南省某新建纪念馆，该馆占地8万平方米，展区内面积达到1200平方米。在展览中，设计者采用了现代化的陈设手段来展现纪念人物的生平。然而，由于对纪念人物一生的学习讨论不充分，整个展览效果却不尽如人意。尽管在文物展品以外的设计上花费了很多的心思，使得展品及环境气氛让人眼花缭乱、目不暇接，但这些淡化了历史图片资料的宝贵性，使人们无法专注于文物展品本身。

与这座纪念馆仅数百米之遥的，是一座清末建筑——纪念某人的故居。这座故居虽然历史悠久，却给人留下了深刻的印象。这正是因为在故居的陈设中，形式与内容得到了完美的融合。每一处细节都充满了历史的厚重感，让人们能够真切地感受到纪念人物一生的点滴。

日本在博物馆布展方面确实展现出了其独特的创新力和精湛技艺。他们善于运用最新的声、光、电科技成果，创造出令人惊叹的模拟场景。比如，有一个展区的天花板能够投射出地面的投影，使得观众仿佛置身于蔚蓝的大海之中，同时耳边还伴随着汹涌的波涛声，这种身临其境的感觉让人难以忘怀。这种布展手法不仅增强了观众的参与感和沉浸感，也使得展览内容更加生动和具有吸引力。

通过案例教学的方式，学生能够更加深入地理解博物馆陈设设计的理论知识，并且能够将理论与实际相结合，使得原本枯燥的理论知识变得生动有趣。在课堂上，学生们积极参与讨论，气氛热烈，教学效果显著。这种教学方式不仅提高了学生的学习兴趣，也培养了他们的创新思维和实践能力。

然而，尽管各高校对于策展实践的重要性有了深刻的认识，但由于场地、经费、展品、设备等客观条件的限制，策展实践往往难以得到充分的实施。很多时候，策展实践只能停留在撰写陈设大纲的纸面阶段，学生们无法真正动手实践，难以检验所学知识的应用效果。即使是有机会参观展览或听取有办展经验的人员讲解，也往往只是"隔着玻璃看展览"，难以深入了解和参与策划过程。

单纯依赖博物馆内实习也存在一定弊端。由于博物馆内藏品保管、陈设设计等工作具有特殊性，实习接收单位往往会对实习生的工作内容进行限制。大多数情况下，实习生只能从事引导或讲解工作，而较少涉及其他业务工作。这样一来，学生就无法全面了解博物馆的运作机制和策展流程，难以获得全面的实践经验。

为了解决这些问题，高校应该积极探索和创新实践教学方式，为学生提供更多的实践机会和实践平台。比如，可以与企业或博物馆合作，共同开展策展实践项目，让学生在实际操作中学习和成长。同时，高校也可以加大对实践教学的投入，提供更多的场地、经费和设备支持，为学生创造更好的实践环境。只有这样，才能真正培养出具备创新精神和实践能力的博物馆专业人才。

实习通常是限定在特定的时间段内进行的，这意味着学生可能无法正好在博物馆举办新展的时候进行实习。即使此时博物馆有新展，由于时间紧迫和任务繁重，他们可能更倾向于使用有经验的策展人员，而不是没有策展经验的新手。因此，实习往往不能满足学生获取策展实践经验的全部需求。为了弥补这一不足，我们需要积极主动地搭建自己的实践平台。

　　在选择实习单位时，我们需要更加灵活和开放。过去，我们往往倾向于选择大型博物馆作为实习单位，但这样做可能导致策展实践的机会减少。相反，选择一些中小博物馆，尤其是偏远地区的博物馆作为实习单位，可能会更有益。这些博物馆通常有实际的工作需求，而且更容易达成实习协议。此外，新兴的陈设设计公司也是实习单位的一个很好的选择。由于他们承接的业务较多，因此可以为学生提供更多的锻炼机会。

　　在信息时代，我们不应该只局限于实体展览。数字博物馆对于策展人员来说，同样是一个很好的锻炼平台。通过数字博物馆，学生可以在虚拟环境中进行策展实践，学习如何运用数字技术和互动手段来展示文物和展品。这不仅可以帮助学生掌握现代科技手段，还可以培养他们的创新思维和跨界合作能力。

　　数字博物馆是博物馆行业与现代信息技术相结合的产物，它以数字化形式展现文物，通过互联网实现信息共享，打破了传统博物馆的时间和空间限制。这种新型的博物馆形态不仅让观众可以在任何时间、任何地点获取所需信息，而且为策展人员提供了全新的实践平台。通过计算机技术，我们可以有效克服场地、经费等难题，实现更灵活、更高效的策展实践。

　　在这一方面，部分高校已经迈出了重要的一步。例如，南京师范大学社发院数字博物馆讨论团队所设计的"南京教育史数字博物馆"，就是一个很好的例子。该团队以南师大悠久的教育历史为背景，选定"南京教育史"作为主题，运用网页制作、数据库录入、多媒体制作等网络技术构建出这一数字博物馆。这一项目不仅展示了团队的创新精神和专业技能，也为其他高校和策展人员提供了宝贵的实践经验。

　　对于策展实践缺乏的问题，我们应该转变观念，鼓励学生创办数字化博物馆，为他们创造条件和搭建实践平台。这不仅可以有效改善策展实践缺乏的问题，还可以培养学生的创新思维和实践能力，为博物馆事业的发展注入新的活力。

随着博物馆学的快速发展，我们也需要不断完善课程设置和丰富教学内容。目前，在博物馆学的教学过程中，仍然存在着教学内容薄弱、手段单一、缺乏实践等问题。为了解决这些问题，我们可以引入案例教学和现场教学等教学方法，让学生更好地理解和掌握博物馆学的知识和技能。同时，我们也需要积极为学生搭建策展实践平台，让他们在实践中不断提高自己的专业素养和实践能力。

综上所述，只有不断完善课程设置和丰富教学内容，引入多样化的教学方法和实践平台，我们才能培养出合格的文物与博物馆学专业人才，为博物馆事业的发展做出更大的贡献。

第四节　提高观众参与度的策略

提高观众参与度是博物馆实现其教育、传承与娱乐功能的关键所在。为此，博物馆可以采取一系列策略来增强观众的参与感和沉浸体验。首先，博物馆可以设计互动式的展览和活动，让观众能够亲身参与并体验文化的魅力。例如，通过触摸屏、传感器等技术，观众可以亲手操作展示内容，深入了解文物的背后故事。其次，博物馆可以提供个性化的服务，满足不同观众的需求。这包括提供多语种导览、定制化的参观路线，以及针对特殊群体的无障碍设施等。此外，博物馆还可以利用社交媒体和线上平台，与观众进行实时互动，收集反馈并据此优化展览和服务。通过举办讲座、工作坊和互动游戏等活动，博物馆也能吸引观众积极参与，并在参与过程中获得乐趣和知识。最后，博物馆可以与社区、学校和其他机构建立合作关系，共同策划和推广活动，从而扩大观众基础，提高公众的参与度。这些策略不仅有助于提升博物馆的吸引力和影响力，还能让观众在参与中感受到文化的魅力和价值。

一、创新展览形式与内容

随着科技的进步和观众需求的多样化，传统的展览形式和内容已经无法满足现代博物馆的发展需求。因此，创新展览形式和内容成为博物馆提升吸引力和影响力的重要途径。博物馆可以利用先进的科技手段，如虚拟现实（VR）、增强现实（AR）、3D打印等，打造沉浸式的展览体验，让观众能够更深入地了解文物背后的历史故事和文化内涵。例如，通过VR技术，观众可以身临其境地穿越时空，亲身体验古代的生活场景；通过AR技术，观众可以在手机或平板设备上观看文物的三维模型，详细了解文物的细节和制作过程。

同时，博物馆还可以结合社会热点和观众兴趣，策划主题鲜明、内容丰富的展览。例如，针对当前的环境保护议题，博物馆可以推出以"绿色发展"为主题的展览，展示人类与自然和谐共生的历史和实践；针对年轻人的审美需求，博物馆可以推出以"时尚与艺术"为主题的展览，将传统艺术与时尚元素相结合，吸引更多年轻观众参与。

此外，博物馆还可以通过与其他文化机构、企业、社区等合作，共同策划和举办创新性的展览活动。例如，与艺术机构合作举办跨界艺术展览，将传统艺术与现代设计相结合；与科技企业合作推出科技主题展览，展示最新科技成果和应用场景。

通过创新展览形式和内容，博物馆可以打破传统的展示模式，为观众带来全新的文化体验。这不仅有助于提升博物馆的知名度和影响力，还能更好地满足公众对多元文化的需求，推动文化事业的创新发展。

（一）引入互动元素：深化观众参与与体验

在现代博物馆的展览设计中，单纯地展示文物和艺术品往往不能满足观众日益增长的需求。为了吸引观众并让他们更加深入地了解展品，引入互动元素变得尤为重要。这些互动元素不仅为展览增添了趣味性，而且让观众从被动接受转变为主动参与，从而大大提升了观众的参与度和满意度。

虚拟现实（VR）和增强现实（AR）技术为展览带来了革命性的变革。通过 VR 技术，观众可以戴上特殊的眼镜，进入一个由计算机生成的三维虚拟世界，与展品进行互动。这种技术特别适用于展示那些难以实际展示或保存的文物，如古代建筑、遗址等。观众可以在虚拟空间中自由探索，仿佛置身于真实场景之中。

而 AR 技术则可以将虚拟元素叠加到真实世界中，为观众带来更加沉浸式的体验。例如，在展示一幅名画时，AR 技术可以让观众通过手机或平板电脑看到画作背后的故事或细节，甚至可以与画作中的人物进行互动。这种技术不仅增强了观众对展品的兴趣，还让他们更加深入地了解作品背后的文化和历史。

除了虚拟现实（VR）和增强现实（AR）技术，还有许多其他的互动元素可以被引入到展览中。例如，触摸屏幕可以让观众自行查询展品信息、观看相关视频或进行互动游戏；互动投影技术则可以将观众的影子投射到墙面上，与展品进行有趣的互动；机械互动装置则可以通过观众的动作来触发某种反应或展示某种效果。

这些互动元素的引入不仅丰富了展览的内容，还让观众在参与过程中获得了更多的乐趣和知识。它们使展览变得更加生动、有趣和引人入胜，从而吸引更多的观众前来参观，并留下深刻的印象。

同时，引入互动元素还能够帮助博物馆更好地实现其教育职能。通过互动体验，观众可以更加直观地了解展品的历史背景、文化内涵和艺术价值，从而增强对文化遗产的认识和尊重。这种参与式的学习方式也有助于提高观众的学习兴趣和效果。

（二）举办主题活动：深化展览内涵，提升观众参与

在博物馆的运营中，举办主题活动是一种非常有效的吸引观众参与的方式。这些活动不仅能够丰富展览的内涵，还能够为观众提供与展览紧密相关的互动体验。

1. 深化展览内涵

主题活动通常围绕展览的主题展开，通过邀请专家学者、艺术家、策展人等，就展览中的关键议题、艺术风格、历史背景等进行深入探讨。这样的活动不仅能够为观众提供丰富的背景知识，还能够深化他们对展览主题的理解。例如，如果展览的主题是关于古代文明，那么可以举办一场关于古代文明发展历程的讲座，让观众在欣赏展品的同时，也能够了解到更多关于古代文明的知识。

2. 提供互动体验

主题活动通常也会包含一些互动环节，如观众提问、小组讨论、实践操作等。这些环节能够让观众更加积极地参与到活动中来，增加他们的参与感和体验感。例如，在关于传统手工艺品的展览中，可以举办一个手工艺工作坊，让观众亲手制作一些传统手工艺品，从而更加深入地了解传统手工艺品的制作过程和技艺。

3. 吸引观众参与

通过举办主题活动，博物馆可以吸引更多对展览感兴趣的观众前来参与。这些观众可能是专家学者、艺术爱好者、学生等，他们的参与不仅能够增加活动的多样性，还能够为博物馆带来更多的活力和影响力。同时，

这些观众在活动过程中也能够与其他观众进行交流和互动，从而增加他们的参与感和归属感。

4. 促进文化交流

主题活动也是一个促进文化交流的平台。通过邀请来自不同文化背景的专家学者和观众参与活动，可以促进不同文化之间的交流和碰撞。这种交流不仅能够增加观众的文化视野和认知深度，还能够为博物馆带来更多的文化资源和创新灵感。

通过举办多样化的主题活动，博物馆可以吸引更多观众参与，增加他们的参与感和体验感，同时也能够促进文化交流和创新发展。

（三）讲述展品背后的故事：情感连接与兴趣激发

在博物馆的展览中，每一件展品都承载着丰富的历史、文化和故事背景。通过深入挖掘并展示这些背景故事，博物馆不仅能够为观众提供更为丰富和深入的参观体验，还能够激发观众的情感连接和兴趣。

1. 情感连接

当观众了解到展品背后的故事时，他们更容易与展品建立起情感联系。这些故事可能是关于一个普通人的英勇事迹、一个社会的传统习俗、一个时代的变迁等。通过讲述这些故事，观众可以更加深入地了解展品的历史和文化背景，从而与展品建立起更为紧密的情感联系。这种情感连接不仅增强了观众对展品的认同感和归属感，还让他们更加珍惜和尊重文化遗产。

2. 兴趣激发

展品背后的故事往往充满了趣味性和吸引力。通过讲述这些故事，博物馆可以激发观众对展品的兴趣，让他们更加愿意深入了解展品的历史和文化背景。这些故事可能是关于一个艺术家的创作历程、一个科技发明的背后原理、一个探险家的冒险经历等。通过讲述这些故事，博物馆可以为观众提供更为丰富和有趣的参观体验，从而吸引更多观众前来参观。

3. 故事叙述方式

为了更好地展示展品背后的故事，博物馆可以采用多种叙述方式。例如，可以通过文字说明、图片展示、视频介绍等方式来呈现故事；也可以邀请专家学者、艺术家、文化传承者等来现场讲述故事；还可以通过互动体验、虚拟现实（VR）等技术手段来让观众更加深入地了解故事。这些多样化的叙述方式可以让观众更加全面、深入地了解展品背后的故事，从而增强他们的参观体验和兴趣。

这种叙述方式不仅丰富了展览内容，还为观众提供了更为深入和有趣的参观体验。同时，通过多样化的叙述方式和技术手段的应用，博物馆还可以不断创新和提升展览质量，吸引更多观众前来参观。

二、优化参观体验

（一）提供导览服务：深化观众体验，提升展览价值

在博物馆参观过程中，导览服务扮演着至关重要的角色。一个专业、周到的导览服务不仅能够帮助观众更好地理解和欣赏展品，还能够深化他们的参观体验，从而提升整个展览的价值。

专业的导览员具备丰富的历史和艺术知识，他们对展品和展览有深入的了解和研究。他们可以根据观众的兴趣和需求，提供个性化的导览服务，解答观众的疑问，并分享展品背后的故事和文化内涵。导览员还能够根据观众的反应和兴趣点，灵活调整导览内容，确保观众获得最佳的参观体验。

语音导览设备也是一种受欢迎的导览方式。这些设备通常配备了详细的语音介绍，覆盖了展览的各个方面。观众可以随时随地听取关于展品的

解说，无需担心错过任何重要信息。此外，语音导览设备通常提供多种语言选择，以满足不同国家和文化背景的观众需求。

除了导览员和语音导览设备，博物馆还可以提供其他形式的导览服务，如电子导览器、互动触摸屏等。这些现代化的导览工具可以帮助观众更加便捷地获取展品信息，提升他们的参观效率。

导览服务的另一个重要方面是提供清晰的标识和指示。博物馆应该设置明确的指示牌和地图，帮助观众快速找到他们感兴趣的展品或展区。同时，博物馆还可以提供详细的展览指南和手册，供观众在参观前或参观后查阅，以加深他们对展览的理解。

总之，提供专业的导览员或语音导览设备以及其他形式的导览服务，对于提升观众的理解和欣赏水平至关重要。博物馆应该重视导览服务的建设，确保观众能够获得高质量的参观体验。

（二）精心打造休息区，为观众提供舒适宜人的参观体验

在展馆内精心设置休息区，为观众打造一个舒适宜人的休息环境，是提升参观体验的重要一环。这些休息区的设置不仅能够让观众在紧张而丰富的参观过程中得到片刻的放松和休息，还能为他们提供一个交流、分享感受的空间。

休息区的布局应该与展馆的整体设计相协调，既要融入整体环境，又要确保其功能性和舒适性。座椅的设计应该考虑到人体工学的因素，确保观众在休息时能够得到充分的舒适感。此外，座椅的布局也应该考虑到观众的隐私需求，避免过于拥挤或暴露的情况。

除了座椅，休息区还应该提供必要的饮水设施，以满足观众在参观过程中的饮水需求。这些饮水设施应该放置在显眼且方便取用的位置，确保观众在需要时能够轻松找到。同时，为了环保和卫生考虑，饮水设施应该定期清洁和维护。

休息区还可以提供一些额外的服务设施，如充电站、免费Wi-Fi等，以满足观众在参观过程中的多样化需求。这些设施的设置不仅能够提升观众的满意度，还能为他们提供更加便捷、高效的参观体验。

在装饰和设计上，休息区也可以融入一些艺术元素或文化符号，与展馆的主题相呼应。这样不仅能够增强展馆的整体文化氛围，还能为观众提供一个更加有趣和富有创意的休息环境。

（三）优化照明与布局，凸显展品魅力，提升参观体验

在博物馆的展览设计中，照明与布局是两个至关重要的因素。它们不仅影响着展品的展示效果，更直接关系到观众的参观体验。因此，优化照明与布局，对于提升展览的整体品质至关重要。

合理的照明是凸显展品魅力的关键。不同的展品需要不同的照明方式和光线强度。例如，对于绘画和纺织品等需要细致观察的展品，应该采用柔和而均匀的光线，以避免强烈的反光和阴影。而对于雕塑和立体展品，则可能需要更加聚焦的光束来突出其形态和质感。此外，照明的色彩和色温也是需要考虑的因素。通过选择合适的照明色彩和色温，可以营造出与展品风格相协调的展示氛围，增强展品的吸引力和感染力。

布局的合理规划也是提升参观体验的重要因素。布局应该根据展品的特性和观众的参观流线进行合理规划。一方面，要避免展品之间的拥挤和重叠，确保每个展品都有足够的展示空间。另一方面，也要考虑到观众的参观习惯和流线，合理安排展品的展示顺序和空间分布。通过合理的布局规划，可以引导观众有序地参观展览，更好地理解和欣赏展品。

此外，照明与布局的优化还需要考虑到节能环保和可持续性。在选择照明设备时，应该优先选择节能高效的LED灯具等环保产品。同时，在布局规划时，也要充分考虑到空间的利用效率和展品的可持续性展示。通过合理的照明与布局设计，不仅可以提升展览的品质和观众的参观体验，还

可以为博物馆的可持续发展做出贡献。

三、利用社交媒体与数字平台

（一）拓展线上互动，激发观众参与热情

随着科技的进步和社交媒体的普及，线上活动已成为吸引观众参与、扩大展览影响力的重要途径。通过社交媒体平台开展线上互动活动，如投票、问答等，不仅可以打破地域限制，吸引更多观众参与，还能增强观众的参与感和归属感。

首先，投票活动是一种简单而有效的线上互动方式。博物馆可以就展览中的某个主题或展品设置投票议题，让观众在社交媒体上表达自己的看法和喜好。这种活动不仅能够激发观众的参与热情，还能为博物馆提供宝贵的观众反馈，有助于优化未来的展览策划和设计。

其次，问答活动也是吸引观众参与的好方法。博物馆可以在社交媒体上发布与展览相关的问题，鼓励观众积极参与回答。通过这种问题解答的形式，观众可以更加深入地了解展品和展览背后的故事，同时也能增加他们与博物馆的互动机会。

最后，博物馆还可以利用社交媒体平台开展直播活动，邀请专家学者或策展人进行线上导览和讲解。这种活动形式既能让观众在家就能欣赏到展览的精彩内容，也能为他们提供更加个性化和深入的参观体验。

为了确保线上活动的顺利进行，博物馆需要制定详细的活动计划，包括活动主题、时间安排、参与方式等。同时，博物馆还需要充分利用社交媒体平台的传播优势，通过分享、转发等方式扩大活动的影响力。

（二）直播与录播展览：跨越时空的艺术传播

在数字化时代，直播与录播技术为文化传播和艺术展示提供了全新的

可能性。通过直播或录播的形式，博物馆能够将展览内容传达给更广泛的观众群体，包括那些因地理、时间或其他原因无法亲临现场的观众。这种创新的方式不仅丰富了观众的参观体验，也延伸了展览的社会影响力。

直播展览为观众提供了实时、互动的观赏体验。通过高清摄像头和稳定的网络连接，观众可以如同身临其境般欣赏到展品的细节和展览的整体布局。同时，直播形式还允许观众与主持人或策展人进行实时互动，提问、讨论，甚至参与投票和竞猜等互动环节，增强了观众的参与感和归属感。

对于无法实时观看直播的观众，录播展览则提供了一个灵活、自主的选择。录播展览通常包含详细的展品介绍、背景讲解和高清的视频画面，观众可以根据自己的时间安排在任何时候观看。此外，录播内容还可以进行剪辑和后期处理，添加字幕、配乐等元素，提升观赏的趣味性和艺术感。

无论是直播还是录播，展览的传播都离不开优质的视频制作和技术支持。博物馆需要投入适当的资源和人力，确保拍摄设备、网络环境等硬件设施的完备和稳定。同时，视频制作团队也需要具备专业的技能和审美，以制作出高质量、有吸引力的视频内容。

通过直播与录播展览，博物馆能够跨越时空的限制，将艺术瑰宝和文化精华呈现给更广泛的观众群体。这不仅是对传统展览形式的有力补充，也是博物馆在数字化时代的重要创新和转型。随着技术的不断进步和应用场景的拓展，相信未来直播与录播展览将会呈现出更加丰富多彩的面貌。

（三）借助AR/VR技术，打造沉浸式家居观展新体验

随着科技的飞速发展，增强现实（AR）和虚拟现实（VR）技术已经渗透到各个领域，为观众带来了前所未有的沉浸式体验。在博物馆展览领域，利用AR/VR技术，观众无需亲自到场，便能在家中舒适地体验到展览

的魅力，这无疑为艺术传播和文化传承打开了新的大门。

AR技术通过将虚拟信息叠加到真实世界中，为观众创造出一种融合了现实与虚拟的观展体验。观众可以通过手机或平板电脑等设备，扫描展品图片或视频，便能在自己的家中看到三维立体的展品展示，仿佛置身于博物馆的展厅之中。这种技术不仅让观众能够更加深入地了解展品的细节和背景，还能通过互动和交互功能，增加观展的趣味性和参与感。

而VR技术则能够为观众构建一个完全虚拟的展览空间，让观众仿佛身临其境地走进博物馆的各个展厅。通过穿戴VR设备，观众可以在家中自由地探索展览，与展品进行近距离的交流和互动。VR技术还能为观众提供沉浸式的音频和视觉体验，让他们仿佛置身于展览现场，感受到浓郁的艺术氛围和文化底蕴。

利用AR/VR技术打造家居观展新体验，不仅为观众提供了更加便捷和灵活的观展方式，也为博物馆展览的创新和发展提供了新的契机。然而，为了确保这种体验的质量和效果，博物馆需要投入大量的资源和人力进行技术研发和设备更新。同时，博物馆还需要与专业的AR/VR技术团队合作，共同开发出高质量、具有吸引力的虚拟展览内容。

展望未来，随着AR/VR技术的不断发展和普及，家居观展新体验将逐渐成为博物馆展览的重要形式之一。我们期待更多的博物馆能够利用这些先进技术，为观众带来更加丰富多样、沉浸式的观展体验，让艺术和文化在数字化时代焕发出更加绚丽的光彩。

第五节　举办特色活动

一、博物馆夜间开放：为观众提供别样的参观体验

在常规的日间开放之外，博物馆设置夜间开放时段，可以为观众带来全新的参观体验。这一举措不仅能够满足不同观众群体的需求，还能为博物馆注入新的活力和魅力。

夜间开放为观众提供了一个独特的参观环境。在灯光的映照下，博物馆的建筑和展品会呈现出与白天截然不同的风貌，为观众带来更加神秘和浪漫的氛围。这种独特的参观环境，能够激发观众的好奇心和探索欲望，让他们更加深入地感受艺术和文化的魅力。

夜间开放也适应了部分观众的特殊需求。有些人可能因为工作、学习等原因，白天无法前往博物馆参观。而夜间开放则为他们提供了一个难得的机会，让他们能够在忙碌的一天后，享受一段宁静而充实的时光。

此外，博物馆还可以结合夜间开放，推出一些特色活动，如夜间导览、主题讲座、音乐会等，为观众提供更加丰富多彩的参观体验。这些活动不仅能够增加观众与博物馆的互动，还能提升博物馆的品牌影响力和社会知名度。

当然，为了确保夜间开放的顺利进行，博物馆也需要做好充分的准备工作。包括加强安保措施、调整照明系统、安排夜间工作人员等。同时，博物馆还需要对夜间开放的参观人数进行合理控制，以避免对展品和建筑

造成损害。

二、博物馆节日活动：文化盛宴，观众共享

节假日和特殊日子是民众休闲娱乐、感受文化气息的重要时刻。在这样的日子里，博物馆举办特色活动，如音乐会、舞蹈表演等，不仅能够吸引更多观众参与，还能为他们提供一场丰富多彩的文化盛宴。

（一）活动多样性与文化融合

博物馆在节假日举办的活动应具有多样性和文化融合性。音乐会可以邀请本地或国内外知名音乐家，演奏古典、现代或民族音乐，满足不同观众的音乐喜好。舞蹈表演则可以展示传统民族舞蹈、现代舞或街舞等，让观众领略不同舞蹈艺术的魅力。

（二）互动体验与观众参与

除了观赏表演，博物馆还可以设置互动体验环节，让观众亲身参与。例如，设置舞蹈工作坊，邀请专业舞蹈老师教授简单的舞蹈动作，让观众在体验舞蹈乐趣的同时，也能了解其背后的文化内涵。此外，还可以设置观众参与的歌唱比赛、才艺展示等环节，让活动更加生动有趣。

（三）宣传与推广

为了确保更多观众了解和参与博物馆的节日活动，博物馆应加强宣传推广。利用社交媒体、官方网站、宣传册等多种渠道，提前发布活动信息、嘉宾介绍、互动环节等内容，吸引观众关注和参与。同时，博物馆还可以与媒体合作，邀请媒体对活动进行宣传和报道，提高活动的知名度和影响力。

（四）安全与秩序保障

在举办节日活动时，博物馆应确保观众的安全和秩序。加强安保措

施，制定应急预案，确保活动现场的安全。同时，合理安排观众入场、就座等环节，避免拥挤和混乱现象的发生。

总之，博物馆在节假日举办特色活动是一种有效地吸引观众参与的方式。通过精心策划和组织丰富多彩的活动内容、加强宣传推广、确保安全与秩序等措施，博物馆能够为观众提供一场难忘的文化盛宴，同时也促进了文化艺术的传承和发展。

三、博物馆亲子活动：增进家庭互动，传承文化精粹

博物馆作为文化的殿堂，不仅承载着丰富的历史和艺术，更是亲子互动、家庭教育的理想场所。针对家庭观众举办亲子活动，如手工制作、亲子游戏等，不仅能够增进家庭成员之间的互动，还能让孩子在轻松愉快的氛围中学习和感受文化的魅力。

（一）手工制作：亲子共创文化作品

博物馆可以提供各种手工制作材料和工具，邀请家庭观众共同参与制作与展览主题相关的文化作品。例如，制作传统手工艺品、绘制展览主题画作等。这样的活动不仅能够锻炼孩子的动手能力和创造力，还能让他们通过亲身实践了解传统文化的内涵和价值。

（二）亲子游戏：寓教于乐的文化体验

博物馆还可以设计一系列与展览内容相关的亲子游戏，如寻宝游戏、文化知识竞猜等。这些游戏不仅有趣好玩，还能让孩子在游戏中学习文化知识，提升对艺术的兴趣和鉴赏能力。同时，亲子游戏的互动性质也能促进家庭成员之间的沟通和协作。

（三）专家讲解与互动环节

为了让亲子活动更加丰富多彩，博物馆还可以邀请专业讲解员为家庭

观众提供展览内容的详细解读。此外，设置互动环节如问答环节、表演环节等，让孩子们有机会展示自己的学习成果，增强他们的自信心和表达能力。

（四）活动宣传与家庭友好设施

为了确保更多家庭参与博物馆的亲子活动，博物馆应加强活动宣传，利用社交媒体、官方网站等渠道发布活动信息，吸引家庭观众的关注。同时，博物馆还应提供家庭服务设施，如婴儿车停放区、母婴室等，为家庭观众提供便利和舒适的环境。

四、建立观众反馈机制

（一）倾听观众声音，持续优化服务——博物馆设置反馈渠道

为了不断提升观众的参观体验，博物馆应当积极搜集观众的意见和建议。通过设置反馈箱或在线反馈渠道，博物馆可以更加便捷地获取观众的反馈，从而有针对性地改进服务质量，满足观众的需求。

1. 展馆内设置反馈箱

在展馆的显著位置设置反馈箱，可以鼓励观众在参观结束后主动提供意见。反馈箱的设计应醒目且易于接近，确保观众在离开展馆前能够轻松地找到并参与其中。同时，博物馆应定期搜集和分析反馈箱中的意见，对于观众提出的问题和建议，及时采取措施进行改进。

2. 在线反馈渠道

除了传统的反馈箱外，博物馆还可以利用现代科技手段，建立在线反馈渠道，如官方网站、社交媒体等。通过在线问卷、留言板、电子邮件等方式，观众可以更加方便地提供反馈。在线反馈渠道不仅具有实时性，还能让博物馆及时获取大量观众的意见，为改进服务提供有力支持。

3. 处理与回应

对于搜集到的观众反馈意见，博物馆应认真处理并及时回应。对于合理的建议和要求，博物馆应积极采纳并改进；对于观众的不满和投诉，博物馆应诚恳道歉并采取措施进行补救。通过积极回应和处理观众反馈，博物馆能够展现出其专业性和对观众的尊重。

4. 公开透明

博物馆还可以将部分观众反馈和处理结果公之于众，展现其对观众意见的重视和改进的决心。通过官方网站、社交媒体等渠道，博物馆可以定期发布反馈汇总和改进措施，让观众感受到博物馆的诚意和努力。

（二）持续改进，追求卓越——博物馆定期评估与优化服务

博物馆作为文化传承的重要场所，必须时刻关注观众的需求和反馈，以不断提升展览和服务质量。为了实现这一目标，博物馆需要定期评估与改进，确保能够持续为观众提供优质的参观体验。

1. 定期评估

定期评估是博物馆持续改进的基础。通过搜集和分析观众的反馈意见，博物馆可以对展览内容、布展方式、服务水平等方面进行全面的评估。评估过程中，博物馆可以邀请专业团队或第三方机构进行客观评价，确保评估结果的准确性和公正性。

2. 展览内容更新与优化

根据观众的反馈和评估结果，博物馆可以及时调整展览内容，引入更多具有吸引力、教育意义的展品和主题。同时，博物馆还可以优化布展方式，提高展品的展示效果和观众的观赏体验。例如，增加互动展示、多媒体展示等手段，让观众能够更加深入地了解展品背后的故事和文化内涵。

3. 服务水平提升

服务水平是博物馆吸引观众的关键因素之一。博物馆可以通过培训员

工、提升服务质量等方式，提高观众的满意度。例如，加强员工对展览内容的了解，提高导览服务的专业性和趣味性；优化观众的参观流程，提供便捷的导览图和导览设备等。

4. 及时改进与优化

博物馆在评估和改进过程中，需要保持灵活性和及时性。一旦发现问题或不足，应立即采取措施进行改进和优化。同时，博物馆还需要持续关注观众的需求和反馈，不断调整和完善服务内容和方式。

五、合作与推广

（一）博物馆与教育机构的融合：共创学生文化探索的新篇章

博物馆作为一个汇聚了历史、艺术、科学等多方面知识的宝库，是学生学习和探索的理想场所。通过与学校、教育机构紧密合作，博物馆可以将自身的资源优势转化为教育教学的有力支持，从而提高学生的参与度和兴趣，助力他们全面发展。

1. 博物馆成为教学场所

博物馆拥有丰富的展览资源和专业的讲解团队，可以为学校提供多样化的教学场所和内容。学校可以将博物馆作为课堂的延伸，组织学生参观展览、聆听讲解、参与互动活动，让学生在亲身体验中感受文化的魅力，加深对知识的理解和记忆。

2. 合作开展教育活动

博物馆与教育机构可以共同设计和开展一系列教育活动，如主题讲座、工作坊、实践课程等。这些活动可以围绕博物馆的展览内容展开，也可以结合学校的课程设置和教学目标进行定制。通过合作开展教育活动，博物馆和教育机构可以为学生提供更加丰富、生动的学习体验，激发他们的学习兴趣和创造力。

3. 教育资源的共享

博物馆与教育机构还可以实现教育资源的共享。博物馆可以向学校提供展览资料、教学课件等教学资源，帮助学校丰富教学内容；同时，学校也可以将自身的教学资源和成果与博物馆分享，促进双方的互利共赢。

4. 构建合作机制

为了确保博物馆与教育机构合作的顺利进行，双方需要构建完善的合作机制。这包括明确合作目标、制定合作计划、建立沟通渠道、定期评估合作效果等。通过构建合作机制，博物馆与教育机构可以确保合作的顺利进行，实现双方的共同发展和进步。

（二）博物馆与企业携手：共创文化盛宴，吸引更多潜在观众

博物馆作为文化传承的重要载体，与企业合作举办展览或活动，不仅能够拓宽资金来源、丰富展览内容，还能吸引更多潜在观众参与，实现文化价值的最大化。

博物馆与企业合作，可以共同策划和举办各类主题展览或活动。企业可以提供资金支持、技术支持或展品资源，而博物馆则提供专业的策展团队和丰富的展览经验。通过双方的共同努力，可以打造出一系列独具特色的文化盛宴，满足观众的不同需求。

与企业的合作可以为博物馆提供稳定的资金来源，有助于博物馆的长期发展。企业可以通过赞助展览、活动或提供资金支持等方式，为博物馆的运营和发展注入新的活力。同时，博物馆也可以通过与企业合作，探索更多的盈利模式，实现自我造血。

企业往往拥有丰富的行业资源和专业知识，与博物馆合作可以将这些资源融入展览中，丰富展览内容。例如，博物馆可以与科技企业合作，引入先进的科技手段，打造互动性强、体验感优的展览；也可以与时尚品牌

合作，将时尚元素融入展览设计，吸引更多年轻观众参与。

通过与企业合作，博物馆可以扩大自身的知名度和影响力，吸引更多潜在观众参与。企业可以利用自身的市场渠道和宣传资源，为博物馆的展览和活动进行宣传推广，吸引更多观众前来参观。同时，博物馆也可以借助企业的品牌效应，提升自身在社会公众中的认知度和美誉度。

总之，博物馆与企业的合作是一种互利共赢的合作模式。通过共创文化盛宴、拓宽资金来源、丰富展览内容和吸引潜在观众等方式，博物馆与企业可以实现资源共享、优势互补，共同推动文化事业的发展。这种合作模式不仅有助于博物馆的长期发展，也能为企业带来品牌价值的提升和市场拓展的机会。

（三）多元宣传策略：提升博物馆知名度与影响力

在数字化和信息化的时代背景下，宣传活动对于博物馆来说变得尤为关键。通过精心策划和实施多元化的宣传策略，博物馆可以显著提高自身的知名度和影响力，吸引更多公众前来参观，实现文化传承与教育的使命。

1. 广告策略

利用传统媒体和数字媒体进行广告宣传是提升博物馆知名度的有效手段。通过电视、广播、报纸、杂志等传统媒体，博物馆可以覆盖更广泛的受众群体，传递展览信息和博物馆特色。同时，利用互联网和移动设备的普及，博物馆还可以通过社交媒体广告、搜索引擎优化（SEO）、在线视频等方式进行数字广告投放，精准触达目标受众。

2. 社交媒体营销

社交媒体已成为现代人获取信息、交流互动的重要平台。博物馆应积极利用社交媒体进行宣传推广，如微博、微信、抖音等。通过发布展览预告、活动信息、文物故事等内容，博物馆可以吸引关注者的兴趣，增加互动和分享，进而扩大知名度和影响力。此外，博物馆还可以与网红、意见领袖合作，通过他们的影响力吸引更多潜在观众。

3. 线下活动与互动

除了线上宣传，博物馆还应注重线下活动与互动，提高公众参与度。例如，举办开幕式、讲座、研讨会等活动，邀请专家学者、艺术家、公众人物等参与，提升活动的吸引力和影响力。此外，博物馆还可以开展互动体验活动，如文物触摸、VR 体验等，让公众更加深入地了解文物和历史文化。

4. 合作与联动

博物馆可以与其他文化机构、企业、社区等进行合作与联动，共同开展宣传活动。例如，与其他博物馆、图书馆、艺术机构合作举办联合展览或活动，扩大宣传范围和影响力；与旅游机构合作，将博物馆纳入旅游线路，吸引更多游客参观；与社区合作开展文化教育活动，提高社区居民对博物馆的认知度和参与度。

第七章　博物馆文物的利用与传播价值

第一节　文物的利用方式

文物是承载了无数代人智慧与情感的珍贵文化遗产。它们静默无声，却能讲述千年往事，让后人在瞻仰中感受先人的伟大与不朽。正是基于文物所蕴含的独特价值和深厚底蕴，我们更应积极探索其合理利用之道，以展现绚烂多姿的历史文化，推动旅游业的蓬勃发展，进而提升国家在国际舞台上的形象与魅力。

在此，我们将深入探讨几种文物的合理利用方式，旨在激发文物的内在活力，让它们在新时代焕发出更加绚丽的光彩。通过精心策划的文物展览、教育普及活动、文化创意产品的开发以及文物旅游线路的设计，我们可以将文物背后丰富的历史故事和文化内涵生动地展现给公众，满足人们对于美的追求和对历史的探索欲望。同时，这些合理利用方式还能有效推动文化旅游产业的融合发展，为经济社会注入新的活力，实现文物保护与利用的双赢。

一、文物展览

文物展览作为最经典的利用方式之一，在精心策划与细致呈现之下，为观众开启了一扇通往历史深处的窗户。通过这扇窗，观众得以深入感受文物所承载的厚重历史、丰富文化背景及其不可估量的价值。展览形式灵活多样，既有长期陈列的常设展览，使观众能够随时沉浸于历史的河流中，感受文物的不朽魅力；又有围绕特定主题或历史时期策划的临时展览，为观众带来新鲜感和探索的乐趣，进一步激发他们的参与热情与兴趣。通过这些展览方式，文物不再是尘封的记忆，而是活跃在当下的历史见证，与人们共同书写着时代的华章。

二、文物修复与保护

文物修复与保护是捍卫历史遗产尊严、确保其传承不息的关键环节。借助先进的科学技术与修复方法，我们不仅能够延长文物的宝贵寿命，更能让它们重现昔日的辉煌与风采。同时，为了守护这些不可再生的文化瑰宝，我们必须全面加强文物保护工作，从严格管理文物保护区到加固文物运输与展览的安全防线，每一个环节都至关重要。只有这样，我们才能确保这些历史的见证者免受损害与盗窃的威胁，让它们继续在人类文明的长河中熠熠生辉。

三、文物数字化

随着科技的不断突破与革新，文物数字化已逐渐崭露头角，成为一种极具潜力的利用方式。通过高精度的三维扫描与先进的数字化处理技术，我们能够将珍贵的文物转化为虚拟形态，实现线上展览与远程观赏。这种创新方式不仅打破了地域限制，让身处世界各地的观众都能通过互联网领略到文物的独特魅力，还有效地推广了文物的深厚价值与非凡意义。文物数字化不仅为公众提供了更加便捷、多元的观赏体验，也为文物的传承与保护开辟了新的路径。

四、文物教育

文物教育在培养公众对文化遗产的深刻认知与理解方面扮演着举足轻重的角色。通过举办多样化的文物讲座、研讨会以及培训班等活动，我们能够系统地向公众传授丰富的文物知识，进而提升大众的文物素养与鉴赏能力。此外，为了培养更多具备专业技能的人才，我们还特别开设了文物学习班，为有志于深入学习文物修复与保护技术的人士提供宝贵的学习机会。通过这些举措，我们期望能够激发更多人对文物遗产的热爱与尊重，共同守护并传承这些璀璨的文化瑰宝。

五、文物旅游

文物旅游作为一种重要的文物利用方式，不仅让游客有机会亲身感受历史的厚重与文化的魅力，同时也为地方经济的繁荣发展注入了新的活力。许多珍贵的文物坐落于历史底蕴深厚的名城或风景如画的名胜区，这些地方自然成为吸引游客的热门目的地。通过精心开发文物旅游资源，我们不仅能够吸引更多游客慕名而来，促进当地旅游业的蓬勃发展，还能带动酒店、餐饮、纪念品等相关产业的兴旺，从而创造更多就业机会，为当地经济带来可观的收益。文物旅游不仅让历史与文化在现代社会中焕发新生，更为地方经济的持续增长贡献了自己的力量。

六、文物交流与展览

文物交流与展览在国际文化交流中占据着举足轻重的地位。通过与其他国家或地区的博物馆、艺术机构等建立紧密的合作关系，我们得以举办一系列精彩纷呈的文物交流展览。这些展览不仅展现了各国文化的独特魅力和多样性，更揭示了人类文明的共通之处和深厚底蕴。通过这样的交流与合作，我们不仅能够加深不同国家人民之间的友谊与理解，共同推动文化的繁荣与发展，还能够显著提升文物的国际知名度和影响力，让更多人领略到它们的非凡魅力。

七、文物创意产品开发

文物创意产品开发作为文物资源活化利用的创新手段，旨在将深厚的文化底蕴转化为经济价值。通过将文物元素精妙融入产品设计之中，我们能够开发出既蕴含独特文化韵味又具备实用价值的系列商品，如别出心裁的文化衫、富有巧思的文创小商品以及精美细致的仿古工艺品等。此举不仅赋予了文物全新的生命力，在保护与传承文化遗产的同时，也为经济发展注入了新的活力，实现了文物价值的最大化。

文物的合理利用方式涵盖了多个层面：从精彩纷呈的文物展览到科技助力的文物数字化呈现，从专业的文物修复与保护到寓教于乐的文物教育，再到推动地方经济发展的文物旅游与文化交流，以及激发创意的文物产品开发等。这些多元化的利用方式不仅共同织就了一幅展现历史文化魅力的绚丽画卷,更为提升国家形象、促进旅游业繁荣、保护和传承珍贵文化遗产提供了坚实支撑。我们应深入挖掘文物的内在价值,让更多人以不同方式亲近历史、感受文化,共同参与到文物的保护与利用伟大事业中来。

第二节　文物的传播价值

文物可以传递历史信息,让人们了解过去的文明和社会发展;展示文化特色,反映不同地域、民族和时代的文化风貌;弘扬人文精神,提升公众的文化素养和审美能力。文物的传播还可以通过各种媒介进行,如书籍、影视作品、网络等,这些媒介可以将文物的故事和价值传播到更广泛的人群中,增强文物的社会影响力。

本书旨在深入探究博物馆文物在传播历史文化、提升公众文化素养等方面所具备的独特价值。通过系统性地分析博物馆文物如何通过多种途径和方式,将珍贵的历史文化信息传递给公众,进而影响并提升他们的文化素养,本书期望能够更全面地揭示博物馆文物在当今社会中的重要作用。

一、博物馆文物是如何有效地传播历史文化的

博物馆文物通过多种方式有效地传播历史文化,让更多的人能够接触到珍贵的历史遗产,并深入了解其所承载的丰富文化内涵。

(一)常设与临时展览

博物馆定期举办各种主题的常设展览和临时展览,是文物传播历史文

化的主要途径。通过精心策划和布置，展览能够将文物的历史背景、文化内涵、艺术价值等信息以直观、生动的方式呈现给观众。观众在参观过程中，可以通过观察实物、阅读解说词、聆听讲解等方式，全面了解文物的历史价值和文化意义。

（二）教育与讲解活动

博物馆通常会组织各类教育活动，如专题讲座、互动体验、工作坊等，以增加观众与文物的互动机会。讲解员会提供专业的讲解服务，向观众介绍文物的来历、制作工艺、鉴赏方法等，帮助观众深入了解文物的历史内涵。这些活动使得文物不再是冷冰冰的展品，而是变得生动有趣，更能激起观众的兴趣和共鸣。

（三）数字化传播

随着科技的发展，博物馆也积极利用数字化技术来传播文物历史文化。通过建立官方网站、社交媒体平台等渠道，博物馆可以将文物的图片、视频、虚拟现实（VR）等数字化内容在线上展示，让观众可以随时随地了解文物信息。此外，一些博物馆还推出了手机应用程序（App），提供导览、讲解、互动体验等功能，进一步丰富了观众的参观体验。

（四）合作与交流

博物馆之间以及与其他文化机构的合作与交流也是传播文物历史文化的重要途径。通过联合举办展览、开展学术研究、共享资源等方式，博物馆可以将各自的特色文物和研究成果展示给更广泛的观众。此外，国际间的博物馆合作与交流还能够促进不同文化之间的相互了解和尊重，推动世界文化的多样性与共同发展。

（五）文化创意产品开发

博物馆还可以通过开发文化创意产品来传播文物历史文化。将文物元素融入设计中，开发出具有独特文化韵味的文创产品，如文化衫、文创小商品、仿古工艺品等。这些产品不仅可以作为纪念品或礼品出售给游客和观众，增加博物馆的经济收入；同时也能够让文物历史文化以更加实用和亲民的方式走进人们的日常生活当中。

博物馆通过以上多种方式有效地传播历史文化知识给广大公众，让他们能够更加深入地了解人类文明的演进过程以及各个历史时期的文化特点与成就。这对于提高公众的文化素养、促进文化传承与创新以及推动社会文明进步都具有十分重要的意义。

二、它们在提升公众文化素养方面发挥了哪些具体作用

博物馆文物在提升公众文化素养方面发挥了至关重要的作用。

（一）提供历史文化知识

博物馆的文物是历史的见证，每一件文物都蕴含着丰富的历史文化信息。公众通过参观博物馆，可以接触到这些珍贵的文物，了解它们背后的历史故事和文化内涵。这样的过程不仅能够增加公众的历史文化知识，还能够帮助他们形成对历史的正确认知和理解。

（二）培养审美和艺术鉴赏能力

博物馆中展示的文物往往具有很高的艺术价值。公众在欣赏这些文物时，可以感受到它们所展现的美感和艺术魅力。通过长期的熏陶和感染，公众的审美能力和艺术鉴赏能力会得到潜移默化的提升。他们会更懂得欣赏艺术之美，更能够体会到艺术的力量和魅力。

（三）激发探索和创新精神

博物馆的文物往往能够引发公众的好奇心和探索欲望。当公众面对一件充满未知的文物时，他们可能会产生一系列的疑问和思考，进而激发探索和创新的精神。博物馆可以为公众提供一个平台，让他们有机会接触到

新的事物和新的思想，从而激发他们的创造力和创新精神。

（四）促进跨文化理解和交流

博物馆中的文物来自不同的历史时期和文化背景。公众在参观博物馆时，可以接触到这些不同的文化元素，了解它们的特点和价值。这样的过程有助于促进公众对不同文化的理解和尊重，进而推动跨文化交流和融合。这对于培养公众的全球视野和多元文化意识具有重要意义。

（五）强化社会责任感和民族认同感

博物馆文物所承载的历史文化信息往往与国家和民族的发展紧密相关。公众在参观博物馆时，可以深刻感受到文物所传递出的民族精神和文化传承的重要性。这样的过程有助于强化公众的社会责任感和民族认同感，使他们更加珍视和爱护自己的文化遗产，更加积极地参与到文化传承和创新中来。

三、不同类型的博物馆文物在传播效果上是否存在差异

不同类型的博物馆文物在传播效果上确实存在差异。这些差异主要源于文物的性质、特点、展示方式以及观众的兴趣和需求。

（一）按质地分类的文物

金、银、铜、铁等金属类文物，由于其材质的特殊性和历史价值，往往能够吸引大量观众。这类文物通常具有较高的艺术价值和工艺水平，能够直观地展示古代社会的工艺技术和审美观念。然而，一些非金属类文物，如陶瓷、丝织品等，由于保存状况或展示方式的限制，其传播效果可能稍逊于金属类文物。

（二）按工艺分类的文物

织成、刺绣、缂丝等工艺类文物往往具有独特的艺术魅力和文化内

涵。这些文物通过精湛的技艺和巧妙的构思，展示了古代人们的审美追求和生活情趣。然而，一些工艺复杂的文物，如雕漆、珐琅等，由于制作难度大、数量稀少等原因，其传播范围和影响力相对有限。

（三）按历史时期分类的文物

不同历史时期的文物所承载的历史信息和文化价值各不相同。一般来说，年代久远、保存完好的文物往往更具吸引力。例如，青铜器、玉器等古代文物，由于其独特的历史地位和文化内涵，通常能够引起观众的浓厚兴趣。而近现代文物，如一些重大历史事件的见证物，也可能因其特殊的历史意义而受到广泛关注。

（四）按来源分类的文物

考古发掘品、传世品和采集品等不同类型的文物在传播效果上也存在差异。考古发掘品通常具有较高的科学价值和历史真实性，能够揭示古代社会的面貌和发展历程。传世品则因其流传有序、保存完好等特点而备受珍视。然而，一些采集品可能由于来源不明或缺乏科学论证而影响其传播效果。

（五）按展示方式分类的文物

博物馆文物的展示方式对其传播效果也有重要影响。例如，一些通过开放式展览活动展示的文物，能够让观众近距离接触和感受文物的魅力。而一些采用虚拟现实技术展示的文物，则能够带给观众身临其境的体验。此外，一些博物馆还通过巡回展览、线上展览等方式扩大文物的传播范围和影响力。

四、如何评估和提升博物馆文物的传播效果，以便更好地实现其社会价值

评估和提升博物馆文物的传播效果，以便更好地实现其社会价值，是一个涉及多个层面的复杂过程。这需要对博物馆文物的传播方式、观众反馈、社会影响等进行深入的分析和研究，以确定哪些策略和方法是有效的，哪些需要改进。

评估博物馆文物的传播效果可以通过多种方式进行。一种常见的方法是收集和分析观众反馈。这可以通过问卷调查、观众评论、社交媒体互动等方式进行。了解观众对展览内容、展示方式、互动体验等方面的看法和感受，可以帮助博物馆了解观众的需求和期望，从而改进展览和服务。

另一种评估方法是跟踪和分析博物馆的访问量和参观时长。这些数据可以反映观众对博物馆的兴趣和参与度。如果访问量和参观时长持续增加，说明博物馆的吸引力在提升，传播效果在增强。反之，则需要博物馆对展览内容和服务进行反思和改进。

此外，博物馆还可以通过媒体报道、学术引用、社交媒体分享等方式来评估其社会影响力。这些指标可以反映博物馆在社会上的知名度和影响力，以及其对公众历史文化认知的贡献。

在提升博物馆文物的传播效果方面，有多种策略和方法可以考虑。首先，博物馆可以优化展览内容和展示方式，以更生动、直观、有趣的方式呈现文物的历史文化内涵。例如，利用虚拟现实（VR）、增强现实（AR）等先进技术，为观众创造沉浸式的参观体验。

其次，博物馆可以加强与观众的互动和交流。通过设置互动环节、举办讲座和研讨会、开展教育活动和社区项目等方式，让观众更多地参与进

来，深入了解文物的价值和意义。这样可以增强观众的参与感和归属感，提高他们对博物馆的满意度和忠诚度。

再次，博物馆还可以利用互联网和社交媒体等新媒体平台来扩大其传播范围和影响力。通过官方网站、社交媒体账号、在线展览等方式，让更多的人能够随时随地了解和欣赏博物馆的文物。同时，博物馆也可以与其他文化机构、旅游机构等合作，共同推广和传播文物知识，实现资源共享和互利共赢。

最后，博物馆需要持续关注和研究观众的需求和行为变化，以及社会和技术的发展趋势。根据这些变化及时调整和改进传播策略和方法，以保持其传播效果的持续性和创新性。只有这样，博物馆才能更好地实现其社会价值，为公众提供高质量的历史文化教育服务。

第三节　文物的知识产权保护

一、博物馆文物的传播价值分析

博物馆作为历史文化的宝库，收藏着众多珍贵的文物。这些文物不仅具有深厚的历史文化底蕴，还承载着人类智慧和精神的传承。通过博物馆文物的传播，我们可以更好地传承和弘扬历史文化，提升公众文化素养，推动社会教育与启蒙，以及促进国际文化交流与合作。

首先，博物馆文物在传承和弘扬历史文化方面发挥着至关重要的作用。每一件文物都是历史的见证，蕴含着丰富的历史文化信息。通过展览和教育活动，博物馆将这些文物呈现在公众面前，让人们有机会亲身感受和了解历史。在这个过程中，人们不仅能够学到历史知识，更能够感受到历史的厚重和文化的魅力，从而增强对历史的尊重和对文化的传承。

其次，博物馆文物对于提升公众文化素养也有着不可替代的作用。在博物馆中，人们可以欣赏到各种精美的文物，领略到不同时期、不同地域的艺术风格和审美追求。这种艺术熏陶和审美体验，有助于提高公众的审美能力和文化素养。同时，通过对文物背后历史故事和文化内涵的深入挖掘和讲解，博物馆还能够引导公众形成正确的历史认识和价值观。

再次，博物馆文物在社会教育中也扮演着重要的角色。作为非营利性的永久机构，博物馆致力于为公众提供教育服务。它可以通过举办讲座、开设课程、组织亲子活动等方式，为不同年龄段的观众提供丰富的教育资源。这些教育活动不仅能够帮助公众更深入地了解文物和历史文化，还能够培养他们的学习兴趣和探究精神，从而推动社会教育的普及和发展。

最后，博物馆文物在国际文化交流与合作中也发挥着重要的作用。博物馆之间的国际合作与交流，不仅能够促进不同文化之间的相互了解和尊重，还能够推动世界文化的多样性与共同发展。通过联合举办展览、开展学术研究、共享资源等方式，博物馆可以将各自的特色文物和研究成果展示给更广泛的国际观众。这种文化交流与合作，有助于打破文化隔阂和偏见，促进世界各国的和谐共处与发展。

二、博物馆文物传播面临的挑战与对策

博物馆文物作为历史的见证和文化的瑰宝，其传播对于公众的历史文化教育、文化素养提升以及国际文化交流都具有重要意义。然而，在博物馆文物传播的过程中，我们也面临着诸多挑战。本书将对这些挑战进行深

入分析，并提出相应的对策。

（一）传播效果评估的困难

博物馆文物传播效果的评估一直是一个难点。由于传播效果涉及观众的认知、情感、行为等多个层面，难以用单一的标准来衡量。此外，观众群体的多样性和复杂性也使得传播效果的评估更加困难。

为了克服这一困难，我们可以采取多种方法综合评估传播效果。例如，通过问卷调查、观众反馈、社交媒体互动等方式收集数据，了解观众对展览内容、展示方式、互动体验等方面的看法和感受。同时，我们还可以跟踪和分析博物馆的访问量、参观时长、媒体报道等指标，以更全面地评估传播效果。通过这些方法，我们可以更准确地了解观众的需求和期望，为改进展览和服务提供有力支持。

（二）观众参与度的提升

吸引更多观众参与博物馆文物的传播活动，提高观众的互动性和体验感是博物馆面临的重要挑战。传统的展览方式往往以静态展示为主，观众参与度较低。

为了提升观众参与度，我们可以采取多种策略。首先，优化展览内容和展示方式，以更生动、直观、有趣的方式呈现文物的历史文化内涵。例如，利用虚拟现实（VR）、增强现实（AR）等先进技术为观众创造沉浸式的参观体验。其次，加强与观众的互动和交流，设置互动环节、举办讲座和研讨会、开展教育活动和社区项目等，让观众更多地参与进来并深入了解文物的价值和意义。通过这些措施，我们可以增强观众的参与感和归属感，提高他们对博物馆的满意度和忠诚度。

（三）数字化与新媒体的应用

随着科技的发展，数字化技术和新媒体为博物馆文物传播提供了新的机遇和挑战。数字化技术可以对文物进行高精度的复制和展示，使观众能够更清晰地了解文物的细节和特征。新媒体平台则可以将博物馆的展览和活动信息迅速、广泛地传播给公众。

然而，数字化和新媒体的应用也面临着一些挑战。例如，如何保证数字化复制的准确性和真实性、如何在新媒体平台上吸引观众的注意力并引导他们深入了解文物等。为了应对这些挑战，我们需要加强技术研发和人才培养，提高数字化复制和展示的水平。同时，我们还需要深入研究新媒体平台的传播规律和观众行为特点，制定有针对性的传播策略。

（四）文物保护与知识产权问题

在博物馆文物传播过程中，如何平衡文物保护与知识产权的关系是一个重要问题。一方面，我们需要确保文物的安全，避免在传播过程中造成损坏或流失。另一方面，我们也需要尊重知识产权，避免侵犯他人的合法权益。

为了平衡这两者之间的关系，我们需要建立完善的文物保护制度和知识产权管理体系。首先，加强对文物的保护和管理，制定严格的文物保护措施和安全防范机制。其次，尊重知识产权，对涉及版权、商标等问题的文物进行合理使用和授权。同时，加强与国际博物馆和相关机构的合作与交流，共同推动文物保护和知识产权事业的发展。

三、案例分析

博物馆作为连接过去与现在、沟通历史与文化的桥梁，一直致力于文物的保护与传播。在众多博物馆文物传播案例中，我们不妨选取一个具有代表性的实例，来具体剖析博物馆文物的传播价值及其实现途径。

以某大型国家级博物馆的"古代青铜器展览"为例，该展览通过精心策划和组织，成功地将古代青铜器的历史文化内涵和艺术魅力呈现给了公众。这一展览不仅吸引了数以万计的观众前来参观，还引发了广泛的社会关注和媒体报道，成为当时文化界的一大热点。

在这个案例中，博物馆文物的传播价值得到了充分体现。首先，通过展览，公众得以亲身感受和了解古代青铜器的独特魅力和历史文化价值。青铜器作为古代文明的重要载体，其精美的工艺、丰富的造型以及蕴含的历史信息，都让观众在欣赏的同时，感受到了中华文化的博大精深。这种文化的传承和弘扬，对于增强民族自豪感和文化认同感具有重要意义。

其次，展览的成功举办也提高了公众的文化素养和审美能力。观众在欣赏青铜器的过程中，不仅学到了相关的历史知识，还对艺术有了更深入的理解和感悟。这种艺术熏陶和审美体验，无疑对提升公众的文化素养起到了积极的推动作用。

再次，该展览还为社会教育提供了丰富的资源。博物馆通过举办讲座、开展互动体验活动等方式，让观众更深入地了解了青铜器的制作工艺和历史背景。这些教育活动不仅增加了观众的参与度和体验感，还为不同年龄段的观众提供了学习和探究的机会，推动了社会教育的普及和发展。

那么，这个案例又是如何实现博物馆文物的传播价值的呢？首先，博物馆通过精心策划和组织，打造了一个高品质的展览。从文物的选择、布展的设计到讲解词的撰写，每一个环节都经过了精心的打磨和推敲，确保了展览的专业性和吸引力。其次，博物馆注重观众的体验和互动。通过设置互动环节、开展教育活动等方式，让观众能够更深入地了解和感受文物的魅力。最后，博物馆还充分利用了媒体的力量。通过与媒体合作、开展线上宣传等方式，将展览的信息迅速、广泛地传播出去，吸引了更多的观众前来参观。

这个案例不仅展示了博物馆文物的传播价值，还为我们提供了实现这些价值的有效途径。通过精心策划和组织展览、注重观众的体验和互动以及充分利用媒体的力量，我们可以更好地实现博物馆文物的社会价值，为公众提供丰富的历史文化滋养。

四、文物的知识产权保护

在浩瀚的历史长河中，文物作为时间的见证者，承载着丰富的历史文化信息。它们不仅具有深厚的历史价值，更是人类智慧和创造力的结晶。然而，在文物的利用和传播过程中，知识产权保护问题日益凸显，成为博物馆和相关机构亟待解决的重要课题。

知识产权保护对于文物而言至关重要。每一件文物都蕴含着独特的艺术风格和历史文化内涵，是其创作者心血的结晶。在文物的利用和传播过程中，如果没有得到有效的知识产权保护，那么这些宝贵的文化遗产很可能会遭受滥用、盗用甚至破坏。这不仅会损害文物的原创性和独特性，还可能对历史文化传承造成不可逆转的损失。

为了加强文物的知识产权保护，博物馆和相关机构需要采取一系列措施。首先，加强文物版权的登记和管理是关键。通过建立完善的版权登记制度，明确文物的版权归属和使用权限，可以为后续的维权工作提供有力的法律依据。其次，制定严格的复制和使用规定也是必不可少的。这些规定应明确文物复制和使用的条件、程序和责任，确保文物的合理利用和传播不会侵犯其知识产权。

除了以上措施外，加强执法力度也是保护文物知识产权的重要手段。博物馆和相关机构应与执法部门密切合作，共同打击文物盗版和侵权行为。对于发现的侵权行为，应依法严肃处理，维护文物知识产权的尊严和权威。

当然，提高公众的知识产权意识也是保护文物知识产权的重要途径。

博物馆和相关机构可以通过举办讲座、开展宣传活动等方式，普及知识产权知识，提升公众对文物知识产权的认识和尊重。只有全社会都形成尊重和保护文物知识产权的良好风尚，才能为文物的传承和发展提供有力的保障。

博物馆和相关机构需要高度重视并采取切实有效的措施来保护这些宝贵的历史文化遗产。通过加强版权登记和管理、制定严格的复制和使用规定、加强执法力度以及提高公众的知识产权意识等多方面的努力，我们可以共同守护文物的原创性和独特性，让它们在历史的长河中熠熠生辉。

第四节　文物的数字化与数据共享

随着科技的飞速发展，信息技术正以前所未有的速度改变着我们的生活。在这一时代背景下，文物的数字化与数据共享已然成为文物保护与传承的新趋势，为博物馆和相关研究机构带来了革命性的变革。

由于时间、空间等因素的限制，许多人无法亲身感受文物的魅力。而数字化技术的出现，打破了这一局限。通过高清扫描、三维建模等数字化手段，我们可以将文物的形态、细节、色彩等特征以高清晰度的形式呈现出来，让更多人能够在线欣赏和研究。这不仅拓宽了公众的视野，也为学者提供了更为便捷的研究途径。

与此同时，数据共享平台的建立更是推动了文物信息的交流与合作。以往，各博物馆和研究机构往往是各自为战，缺乏有效的信息沟通与合作。而如今，通过数据共享平台，不同博物馆和研究机构可以相互合作，共享文物信息和研究成果。这种跨地域、跨机构的合作模式，不仅促进了学术交流和合作，还有助于推动文物研究的深入发展。

此外，数字化与数据共享在提高文物管理和保护水平方面也发挥着重要作用。通过数字化技术，我们可以对文物进行更为精准的记录和监测，及时掌握文物的保存状况，为文物的长期保存和传承提供有力支持。同时，数据共享平台还可以帮助博物馆和相关机构实现资源的优化配置和合理利用，提高文物管理的效率和水平。

然而，在数字化与数据共享的过程中，我们也需要注意一些问题。首先，文物信息的安全性和保密性是必须重视的。在数字化处理和共享过程中，我们需要采取严格的安全措施，确保文物信息不被滥用或泄露。其次，数字技术和数据管理人才的培养和引进也是关键。只有拥有一支高素质的专业团队，我们才能更好地推进文物的数字化与数据共享工作。

通过数字化技术的运用和数据共享平台的建立，我们可以让更多人了解和欣赏文物的魅力，推动学术交流和合作，提高文物管理和保护水平。但同时，我们也需要关注文物信息的安全性和保密性，加强人才队伍建设。相信在未来的日子里，随着技术的不断进步和应用的深入拓展，文物的数字化与数据共享将为我们揭开更多历史文化的神秘面纱。

第八章 博物馆文物的管理与维护制度

第一节 文物管理原则与政策

一、管理原则

（一）原真性保护

每一件文物都是时间的印记，是人类智慧和创造力的结晶。因此，对文物进行原真性保护至关重要，这不仅是对历史的尊重，更是对文化的传承。

原真性保护的核心在于确保文物的原始状态和历史信息得到完整保留。这意味着在文物的保护、修复和展示过程中，必须严格遵守原真性原则，避免对文物进行任何形式的破坏或篡改。无论是文物的材质、结构、工艺，还是其背后的历史背景和文化内涵，都应该得到最大程度的保护和尊重。

为了实现原真性保护，博物馆和相关机构需要采取一系列措施。首先，建立完善的文物保护制度是关键。这些制度应明确文物的保护标准、修复程序和利用规范，确保文物的保护工作有章可循、有据可查。同时，加强对文物保护人员的培训和教育也是必不可少的。只有具备专业知识和技能的保护人员，才能确保文物得到科学、有效的保护。

其次，采用先进的科技手段对文物进行保护和修复也是原真性保护的重要方面。现代科技手段如三维扫描、虚拟现实（VR）等技术，可以帮助我们更加全面、深入地了解文物的状态和特征，为文物的保护和修复提供有力支持。同时，这些技术还可以用于文物的展示和传播，让更多人能够亲身感受文物的魅力和价值。

最后，加强公众对文物保护的意识和参与也是原真性保护的重要一环。博物馆和相关机构应积极开展文物保护宣传教育活动，提高公众对文物保护的认识和重视程度。同时，鼓励公众参与文物保护工作，如志愿者活动、文物认养等，让更多人能够亲身参与到文物保护事业中来。

只有确保文物的原始状态和历史信息得到完整保留，我们才能更好地传承和弘扬中华民族悠久的历史文化。博物馆和相关机构应肩负起这一重任，采取有效措施加强文物的原真性保护工作，为后人留下宝贵的历史文化遗产。

（二）科学性管理

在快速发展的信息化时代，科技已经成为推动社会进步的强大动力。对于博物馆文物管理而言，科学性管理不仅是一种迫切的需求，也是提升文物保护水平、实现文物价值最大化的关键途径。通过运用现代科技手段和方法，博物馆能够显著提高文物管理的科学性和有效性，为文物的长期保存、研究和展示奠定坚实基础。

科学性管理强调以科学的理念和方法指导文物管理工作。这包括对文物进行系统的分类、定级和评估，建立科学完善的文物档案数据库，以及运用先进的技术手段对文物进行监测、保护和修复。通过引入现代科技，博物馆能够实现对文物状态的实时监控，及时发现和解决潜在的安全隐患，确保文物的安全和稳定。

现代科技手段在文物管理中的应用是多种多样的。例如，数字化技术可以对文物进行高精度的三维扫描和建模，为文物的虚拟展示和研究提供准确的数据支持；物联网技术可以实现文物藏品的智能化管理和追踪，提高文物管理的效率和准确性；无损检测技术则可以在不破坏文物的前提下，对其内部结构和材质进行非侵入性的检测和分析，为文物的保护和修复提供科学依据。

此外，大数据和人工智能等前沿技术的应用也为文物管理带来了革命性的变革。通过对海量文物数据的挖掘和分析，博物馆能够更深入地了解文物的历史背景、文化内涵和价值特征，为文物的深入研究和价值挖掘提供有力支持。同时，基于人工智能的智能识别和预测算法，可以帮助博物馆更准确地识别文物真伪、预测文物劣化趋势，为文物管理决策提供科学依据。

然而，要实现科学性管理，博物馆还需要加强人才队伍建设和技术创新投入。一方面，通过培养和引进具备现代科技知识和专业技能的文物管理人才，博物馆能够建立起一支高素质、专业化的管理团队，为文物管理工作提供坚实的人才保障。另一方面，博物馆应加大对科技创新的投入力度，积极与科研机构、高校等合作开展文物管理领域的科技研发和创新工作，不断推动文物管理技术和方法的更新升级。

通过运用现代科技手段和方法，博物馆能够显著提高文物管理的科学性和有效性，为文物的长期保存、研究和展示提供有力保障。在未来发展中，博物馆应继续加强科技创新和人才培养工作，不断提升文物管理水平和服务质量，为传承和弘扬中华民族优秀历史文化做出更大贡献。

（三）可持续性管理

对于博物馆而言，文物不仅是其存在的根基，更是其传承文化、服务社会的重要载体。然而，文物的保护和利用往往存在一定的矛盾，如何在保护文物的同时实现其价值的最大化，成为博物馆面临的重要课题。可持续性管理正是解决这一问题的关键所在。

可持续性管理强调在文物资源的利用过程中，注重其长期性和可持续性。这意味着博物馆在制定文物管理策略时，不仅要考虑文物的当前保护需求，更要关注其未来的利用潜力和社会价值。通过平衡文物保护与利用的关系，博物馆可以确保文物在得到妥善保护的同时，也能为社会发展和文化传承做出更大贡献。

实现可持续性管理，博物馆需要采取一系列措施。首先，建立完善的文物管理制度和规划是必要的。这些制度和规划应明确文物的保护标准、利用程序和监管措施，确保文物的保护和利用工作有章可循、有序进行。同时，博物馆还应加强对文物保护人员的培训和教育，提高他们的专业素养和保护意识，为文物的长期保存提供有力保障。

其次，博物馆应积极开展文物资源的普查和评估工作。通过对文物资源的全面调查和评估，博物馆可以更加清晰地了解文物的保存状况、价值特征和利用潜力，为制定有针对性的保护和利用策略提供科学依据。同时，这也有助于博物馆及时发现和解决文物保护工作中存在的问题和隐患。

再次，博物馆还应注重文物资源的合理利用和开发。在保护文物的前提下，博物馆可以通过举办展览、开展教育活动、开发文创产品等方式，让文物"活"起来，更好地服务社会、传承文化。同时，博物馆还可以加强与科研机构、高校等的合作与交流，共同开展文物保护和利用的研究工作，推动文物资源的科学利用和可持续发展。

最后，公众参与也是实现文物可持续性管理的重要环节。博物馆应积极搭建公众参与平台，鼓励和支持公众参与文物保护和利用工作。通过志愿者活动、公众讲座、互动体验等方式，博物馆可以增强公众对文物保护的认同感和参与感，形成全社会共同关注、共同参与文物保护的良好氛围。

二、政策导向

（一）遵循国家文物保护法律法规

博物馆作为文物的主要收藏和保护机构，必须严格遵循国家文物保护法律法规，确保文物管理的合法性和规范性。

首先，博物馆应全面了解并深入掌握国家文物保护法律法规。这些法律法规涵盖了文物的保护、管理、利用、修复等多个方面，为博物馆的文物管理工作提供了明确的指导和规范。博物馆应定期组织员工学习相关法律法规，提高员工的法律意识和专业素养，确保文物管理工作始终在法治轨道上运行。

其次，博物馆应严格执行国家文物保护法律法规。在文物的收藏、保管、展示、研究等各个环节，博物馆都应严格遵守法律法规的规定，确保文物的安全和完整。对于任何违反法律法规的行为，博物馆都应坚决予以制止和纠正，防止文物遭受破坏或流失。

再次，博物馆还应积极配合国家文物管理部门的工作，加强与相关部门的沟通和协作。博物馆应定期向文物管理部门报告文物管理情况，接受管理部门的监督和指导。在遇到文物安全问题或突发事件时，博物馆应及时向管理部门报告，共同研究制定应对措施，确保文物的安全得到最大程度的保障。

最后，博物馆还应注重文物管理的规范性和科学性。博物馆应建立完善的文物管理制度和操作规程，确保文物管理工作有章可循、有据可查。同时，博物馆还应积极引进先进的科技手段和方法，提高文物管理的科学性和有效性。通过数字化、信息化等技术手段，博物馆可以实现对文物的实时监控和管理，提高文物管理的效率和准确性。

总之，遵循国家文物保护法律法规是博物馆文物管理的基本要求。博物馆应全面了解并深入掌握相关法律法规，严格执行法律法规，确保文物管理的合法性和规范性。同时，博物馆还应注重文物管理的规范性和科学性，积极引进先进的科技手段和方法，提高文物管理的效率和准确性。只有这样，我们才能更好地保护和传承中华民族的宝贵文化遗产。

（二）文物保护优先

文物是我们民族的宝贵遗产，也是我们传承历史、弘扬文化的重要载体。然而，在文物的利用和开发过程中，我们时常面临着保护与利用的矛盾。如何在确保文物安全的前提下，充分发挥其社会价值和经济价值，成为我们必须面对和解决的问题。

在这样的背景下，文物保护优先的原则显得尤为重要。这一原则强调，在文物的利用和开发过程中，我们必须始终把保护放在首位，确保文物的安全和完整。任何形式的利用和开发，都必须在确保文物不受损害的前提下进行。

坚持文物保护优先，不仅是对历史的尊重，更是对文化的传承。文物是不可再生的资源，一旦遭到破坏或流失，将无法挽回。因此，在文物的利用和开发中，我们必须谨慎行事，防止过度商业化和破坏性开发。

过度商业化往往会导致文物的价值被扭曲，甚至沦为赚钱的工具。这不仅损害了文物的历史和文化价值，也违背了文物保护的初衷。因此，我们必须坚决抵制将文物过度商业化的行为，确保文物在得到妥善保护的前提下，为社会和公众提供有益的文化服务。

同样，破坏性开发也是对文物的一种极大威胁。在开发过程中，如果忽视文物的保护需求，盲目追求经济效益，往往会对文物造成不可逆的损害。因此，我们必须加强对开发行为的监管和约束，确保任何开发活动都在文物保护的框架内进行。

为了实现文物保护优先的目标，我们需要采取一系列措施。首先，加强法律法规的建设和完善，为文物保护提供坚实的法律保障。其次，加大对文物保护的投入力度，提高文物保护的科技水平和专业能力。最后，加强公众对文物保护的宣传和教育，提高全社会的文物保护意识。

（三）强化监管和执法

文物作为历史的见证和文化的瑰宝，是我们民族的宝贵遗产。然而，近年来，随着文物市场的日益繁荣，一些不法分子也盯上了这些珍贵的文物，通过盗窃、走私等手段获取非法利益。这些违法犯罪行为不仅严重损害了文物的历史和文化价值，也威胁到了国家的文化安全和法治秩序。因此，强化对文物市场的监管和执法力度，打击文物盗窃、走私等违法犯罪行为，已成为当务之急。

首先，政府应加强对文物市场的监管。文物市场是一个特殊的领域，需要政府部门的严格监管和规范。政府应建立健全文物市场的监管机制，明确监管职责和权限，加强对文物市场的日常巡查和专项整治。同时，政府还应加强对文物经营者的资质审核和经营管理，从源头上遏制不法分子的非法活动。

其次，执法部门应加大对文物盗窃、走私等违法犯罪行为的打击力度。执法部门是维护文物安全的重要力量，必须坚决打击一切违法犯罪行为。执法部门应加强与其他部门的协作配合，形成打击合力，对文物盗窃、走私等违法犯罪行为进行严厉打击和惩处。同时，执法部门还应加强对涉案文物的追缴和保护工作，确保文物得到及时追回和妥善保管。

最后，社会各界也应积极参与到文物保护和监管工作中来。文物保护是全社会的共同责任，需要社会各界的共同参与和支持。公众应提高文物保护意识，自觉抵制非法文物交易行为；媒体应加强对文物保护的宣传报道，营造良好的社会氛围；相关机构和组织也应积极开展文物保护和监管工作，为政府部门的监管和执法提供有力支持。

第二节　文物管理制度建设

一、管理制度框架

（一）建立完善的文物管理制度体系，全面提升文物保护与管理水平

为了确保这些不可再生的文化资源得到妥善保护和有效利用，建立完善的文物管理制度体系显得尤为重要。这一体系不仅涵盖了文物登记、保管、展示、研究、修复等各个环节，还为文物的长期保存和传承提供了坚实的制度保障。

文物登记是文物管理制度体系的基础。通过对文物进行全面、准确的登记，可以建立起翔实的文物档案，为后续的保管、展示、研究和修复工作提供重要依据。登记内容包括文物的名称、年代、材质、尺寸、重量、来源等基本信息，以及文物的历史背景、文化内涵和保存状况等详细描述。

保管环节是确保文物安全的关键。建立完善的保管制度，包括文物的

分类存放、定期巡查、安全防护等方面。不同类型的文物应根据其材质和保存需求进行分类存放，避免相互损害；定期巡查可以及时发现和解决潜在的安全隐患；同时，加强安全防护措施，如安装监控设备、提高防火防盗能力等，确保文物的安全。

展示环节是文物与社会公众互动的重要窗口。制定合理的展示制度，可以确保文物在展示过程中的安全和完整，同时提升观众的参观体验。展示内容应根据文物的特点和价值进行合理设计，结合现代科技手段，如虚拟现实（VR）、增强现实（AR）等，为观众带来更加丰富多样的视觉享受和互动体验。

研究环节是深入挖掘文物价值的重要途径。通过建立研究制度，鼓励和支持专家学者对文物进行深入研究，可以不断挖掘文物的历史信息和文化内涵，推动文物价值的最大化。同时，加强与其他研究机构的合作与交流，共同推动文物研究领域的繁荣发展。

修复环节是延长文物寿命、保持其历史风貌的重要手段。建立完善的修复制度，包括修复前的评估、修复过程中的监管和修复后的验收等方面。修复工作应由具备专业资质的修复师进行，遵循"修旧如旧"的原则，确保文物的历史风貌和价值得以完整保留。

总之，建立完善的文物管理制度体系是提升文物保护与管理水平的重要举措。通过全面、系统地规范文物登记、保管、展示、研究、修复等各个环节的工作流程和要求，可以确保文物得到妥善保护和有效利用，为传承和弘扬中华民族优秀历史文化贡献更大力量。

（二）明确各级管理机构和人员的职责和权限

在文物保护与管理工作中，一个清晰、高效的管理机制是至关重要的。这样的机制能够确保各项任务得到明确分配，各级管理机构和人员能够了解自己的职责和权限，从而形成协同合作、科学决策的良好局面。

首先，我们必须明确各级管理机构的职责。从国家级到地方级，每一级的管理机构都应在文物保护工作中发挥重要作用。国家级机构负责制定宏观政策和标准，监督全国范围内的文物保护工作；地方级机构则负责具体执行政策，组织和管理本地区的文物保护活动。各级机构之间应保持密切沟通，确保政策的一致性和执行的连贯性。

其次，对于管理人员来说，明确各自的职责和权限同样重要。管理人员是文物保护工作的直接执行者，他们的专业素养和工作态度直接影响到文物的安全和保护效果。因此，我们应建立详细的职责清单，明确每位管理人员的具体工作内容和职责范围。同时，还应赋予他们相应的权限，以便在紧急情况下能够迅速做出决策，确保文物的安全。

再次，在科学高效的管理机制中，监督和评估是不可或缺的环节。我们应定期对文物保护工作进行检查和评估，确保各级管理机构和人员都能够按照职责要求开展工作。对于发现的问题和不足，应及时进行整改和提升，不断完善管理机制，提高文物保护工作的整体水平。

最后，培训和教育也是构建科学高效管理机制的重要组成部分。我们应加强对管理人员的培训和教育，提高他们的专业素养和管理能力。通过定期组织培训课程、分享交流会等活动，帮助管理人员掌握最新的文物保护理念和技术手段，为文物的长期保存和传承提供有力支持。

二、文物信息管理

（一）建立文物信息数据库，推进文物信息的数字化管理与共享

随着信息技术的飞速发展，数字化已成为文物保护与管理领域的重要趋势。为了更好地保护和传承珍贵的文物资源，建立文物信息数据库，实现文物信息的数字化管理和共享显得尤为重要。

文物信息数据库是一个集文物登记、分类、存储、检索、分析等功能于一体的综合性信息平台。通过建立这样一个数据库，我们可以将分散在各地的文物信息进行集中管理，形成统一、规范的数据资源，为文物的保护、研究、展示和利用提供有力支持。

数字化管理不仅可以提高文物信息的存储效率和安全性，还能实现文物信息的快速检索和便捷利用。通过数字化手段，我们可以对文物进行高精度、多维度的信息采集和处理，确保文物信息的准确性和完整性。同时，借助先进的数据分析技术，我们还可以深入挖掘文物背后的历史信息和文化内涵，为文物研究提供新的视角和方法。

实现文物信息的共享是建立文物信息数据库的又一重要目标。通过共享机制，我们可以打破信息壁垒，促进文物信息在不同机构、不同地域之间的交流与合作。这不仅有助于提升文物研究的整体水平，还能推动文物资源的合理利用和开发，让更多人了解和欣赏到文物的魅力。

在建立文物信息数据库的过程中，我们需要注重数据的质量和安全性。一方面，要确保采集的文物信息真实可靠、准确无误；另一方面，要加强数据库的安全防护，防止数据泄露和非法访问。同时，我们还需要不断完善数据库的更新和维护机制，确保文物信息的时效性和可持续性。

总之，建立文物信息数据库是实现文物信息数字化管理和共享的重要途径。通过这一举措，我们可以更好地保护和传承珍贵的文物资源，推动文物事业的繁荣发展。未来，随着技术的不断进步和应用场景的不断拓展，文物信息数据库将在文物保护与管理领域发挥更加重要的作用。

（二）定期对文物信息进行更新和维护

在文物保护的宏大工程中，信息的准确性和完整性无疑扮演着至关重要的角色。文物作为历史的见证者，蕴含着深厚的文化底蕴和无尽的历史智慧。为了更好地传承这份宝贵遗产，我们必须对文物信息进行精心维护，确保其始终与时俱进，真实反映文物的当前状态。

随着时间的推移，文物的保存状况、研究进展、展示需求等各方面都可能发生变化。这就要求我们定期对文物信息进行更新，及时反映这些新变化、新进展。更新工作不仅包括新增文物信息的录入，更涉及对现有信息的核实、修订和完善。这是一个细致而严谨的过程，需要专业的知识和高度的责任心。

除了更新，维护文物信息的完整性同样不容忽视。完整性意味着文物信息的全面、系统，无遗漏。我们要确保每一件文物的信息都是完整的，从基本信息到历史背景，从保存状况到研究价值，都应有详尽的记录。这样，无论是对文物的研究、展示还是保护，都能提供全面、准确的信息支持。

在信息化时代，对文物信息的更新和维护工作提出了更高的要求。我们要充分利用现代技术手段，如数字化、数据库管理等，提高信息更新和维护的效率和准确性。同时，也要加强信息安全管理，防止信息泄露和非法篡改，确保文物信息的真实性和权威性。

第三节　文物维护计划与实施

一、维护计划制订

（一）针对文物保存状况与需求

每一件文物都是独一无二的，它们的保存状况各不相同，所面临的保护挑战也各异。因此，为了确保文物的长久留存，我们必须根据其具体的保存状况和需求，制定有针对性的维护计划和方案。

首先，对文物进行全面的保存状况评估是至关重要的。这包括对文物的材质、结构、制作工艺、历史年代以及当前保存环境等各方面进行深入的了解和分析。通过科学的评估手段，如无损检测、材料分析等，我们可以准确地掌握文物的保存现状和潜在风险。

其次，在评估的基础上，我们需要制定详细的维护计划。这个计划应该包括长期的战略目标和短期的实施措施。长期目标旨在确保文物的长期保存和传承，而短期措施则着眼于解决当前面临的紧迫问题。计划中还应明确各项维护工作的优先级和时间表，确保资源的合理分配和高效利用。

再次，根据文物的具体需求，我们需要设计有针对性的维护方案。这些方案可能包括环境控制、病虫害防治、清洁保养、加固修复等多个方面。例如，对于易受潮湿影响的文物，我们需要制定严格的环境湿度控制方案；对于易受虫害侵袭的文物，则需要采取有效的病虫害防治措施。每个方案都应根据文物的特点和需求量身定制，确保实施的有效性和安全性。

最后，我们还应建立完善的监测和评估机制，对维护计划的实施效果进行定期检查和评估。通过定期的监测和数据分析，我们可以及时了解文物的保存状况变化，评估维护方案的有效性，并根据实际情况进行必要的调整和优化。

（二）明确文物维护的目标、任务、时间表和预算

在文物保护工作中，制定一个明确且切实可行的维护计划至关重要。为了确保计划的成功实施，我们必须首先明确维护的目标、任务、时间表和预算，从而全面保障计划的可行性和有效性。

1. 明确维护目标。维护目标是整个文物维护计划的核心和指导。我们

需要清晰地确定文物的保存状态、期望达到的保护水平以及长期保存的目标。这些目标应该既具体又可实现，以便为后续的维护工作提供明确的方向。

2. 细化维护任务。在明确维护目标后，我们需要将目标细化为具体的维护任务。这些任务可能包括文物的日常保养、定期检查、环境控制、病虫害防治、修复加固等。每个任务都应有明确的责任人和执行标准，确保各项工作能够有条不紊地进行。

3. 制定时间表。时间表是确保维护计划按时完成的关键。我们应该根据各项任务的紧急程度和复杂程度，合理安排工作进度和时间节点。同时，还需要预留一定的时间用于应对可能出现的突发情况和意外事件，确保计划的灵活性和应变能力。

4. 预算规划。预算是维护计划得以实施的经济基础。我们需要根据各项任务的需求和预计成本，制定合理的预算规划。预算应包括人力、物力、设备、材料等各方面的费用，并确保在计划执行过程中有充足的资金支持。同时，我们还需要对预算使用情况进行严格的监督和管理，确保资金的有效利用和避免浪费。

二、维护实施与监督

（一）严格遵循维护计划

维护计划是文物保护工作的指导纲领，它涵盖了文物的日常保养、定期检查、环境控制、病虫害防治、修复加固等各个环节。每一个环节都经过精心设计和科学规划，旨在确保文物的安全和完整。因此，我们必须以高度的责任心和使命感，严格按照维护计划的要求进行操作和实施。

在日常保养方面，我们要定期对文物进行清洁、除尘、防潮等工作，保持文物的良好状态。在定期检查环节，我们要对文物的保存状况进行全面细致的检查，及时发现并处理潜在的安全隐患。同时，我们还要密切关注文物的环境变化，采取有效措施进行环境控制，防止文物受到自然和人为因素的损害。

除了日常保养和定期检查，我们还要加强病虫害防治工作。文物在长期的保存过程中，难免会受到各种病虫害的侵袭。因此，我们要建立完善的病虫害防治体系，采取科学有效的措施进行防治，确保文物的安全。

在修复加固方面，我们要遵循"修旧如旧"的原则，采用适当的修复技术和材料，对文物进行修复和加固处理。修复工作应由具备专业资质的修复师进行，确保文物的历史风貌和价值得以完整保留。

（二）强化监督与检查

在文物保护的宏大工程中，维护过程的质量与安全无疑是至关重要的。为了确保文物得到精心呵护，我们必须加强对维护过程的监督和检查，从而确保每一项维护工作都达到既定的质量标准，且在整个过程中文物的安全得到坚实保障。

监督是确保维护质量的重要手段。在文物维护的每一个环节，都应有专业的监督人员进行实时跟踪和监控。这些监督人员不仅需要具备深厚的文物知识，还需对维护流程有深入的了解。他们的职责是确保维护人员严格按照既定的计划和标准进行操作，及时发现并纠正可能存在的偏差和错误。通过这样的监督机制，我们可以最大程度地确保维护工作的准确性和规范性。

同时，检查则是保障文物安全的关键环节。在维护过程中，定期的检查可以帮助我们及时发现文物可能存在的安全隐患。这些检查不仅包括对文物本身的检查，还涉及对维护环境、设备、材料等方面的全面审查。通过检查，我们可以及时发现问题，迅速采取措施进行整改，从而确保文物的安全。

此外，为了提高监督和检查的效果，我们还可以引入先进的技术手段。例如，利用数字化技术对文物进行三维扫描和建模，可以更加精确地掌握文物的当前状态；使用无损检测设备，可以在不破坏文物的前提下发现其内部可能存在的问题。这些技术手段的应用，不仅可以提高我们监督和检查的效率和准确性，还能为文物的保护提供更加科学和全面的支持。

第四节　文物保护法规与政策

一、法律法规体系

（一）梳理与解读：国家及地方文物保护法律法规与政策文件概览

文物保护作为维护国家历史文化遗产的重要举措，一直受到我国各级政府和社会各界的高度重视。为了确保文物得到妥善保护和合理利用，国家和地方层面制定了一系列法律法规和政策文件，形成了较为完善的文物保护法律体系。本书旨在对这些法律法规和政策文件进行梳理和解读，以便更好地指导文物保护实践工作。

1. 国家层面法律法规。在国家层面，文物保护的法律法规主要包括《中华人民共和国文物保护法》（以下简称《文物保护法》）及其实施条例等。这些法律法规明确了文物的定义、分类、保护原则、保护措施、管理体制以及法律责任等，为文物保护工作提供了基本的法律保障。其中，《文物保护法》作为我国文物保护领域的基本法，对文物的保护、利用和管理等方面做出了全面规定，是各级政府和文物部门开展文物保护工作的重要依据。

2. 地方层面法规政策。在地方层面，各省、自治区、直辖市根据本地文物资源和保护需求，制定了一系列地方性法规和政策文件。这些法规政策在遵循国家法律法规的基础上，结合地方实际，对文物保护的具体措施、管理体制、资金投入等方面进行了细化和补充。例如，一些地方针对本地特有的文物类型或保护问题，制定了专项保护条例或实施办法，为地方文物保护工作提供了更加具体和可操作的指导。

3. 政策文件解读。除了法律法规外，国家和地方政府还发布了一系列政策文件，以指导文物保护工作的开展。这些政策文件通常包括规划、计划、指导意见等，明确了文物保护的目标、任务、措施和保障等。例如，《关于加强文物保护利用改革的若干意见》等文件，提出了加强文物保护利用的总体要求和具体措施，为新时期文物保护工作指明了方向。

（二）法律法规对博物馆文物管理和维护的具体要求与指导意义

博物馆作为历史的殿堂和文化的宝库，承载着无数珍贵的文物。这些文物不仅是我们民族的骄傲，更是全人类共同的遗产。为了确保这些文物得到妥善的管理和维护，国家和地方政府制定了一系列法律法规，对博物馆文物管理和维护工作提出了具体要求，并赋予了深远的指导意义。

1. 法律法规的具体要求。在博物馆文物管理和维护方面，法律法规的要求非常具体且严格。首先，博物馆必须建立完善的文物管理制度，包括文物的登记、分类、保管、展示、研究、修复等各个环节。这些制度必须确保文物的安全、完整和可追溯性。其次，博物馆必须配备专业的文物管理人员和技术人员，他们必须具备相应的专业知识和技能，能够胜任文物的日常管理和维护工作。最后，法律法规还要求博物馆定期对文物进行保养和修复，确保文物的保存状况良好，并能够及时发现和处理潜在的安全隐患。

2. 法律法规的指导意义。法律法规对博物馆文物管理和维护的指导意义主要体现在以下几个方面。首先，法律法规为博物馆文物管理和维护工作提供了明确的法律依据和规范，使博物馆在开展工作时能够有法可依、有章可循。这不仅提高了博物馆工作的规范性和科学性，也为博物馆之间的合作与交流提供了统一的标准和平台。其次，法律法规强化了博物馆对文物管理和维护的责任意识，使博物馆更加重视文物的安全和保护工作。这种责任意识的提升，有助于博物馆形成更加严谨、细致的工作作风，为文物的长期保存和传承奠定坚实的基础。最后，法律法规还促进了博物馆文物管理和维护工作的创新与发展。在遵循法律法规的前提下，博物馆可以积极探索新的管理方法和技术手段，提高文物管理和维护的效率和水平。这种创新与发展，不仅有助于博物馆更好地适应新时代的需求和挑战，也为文物的保护和传承注入了新的活力和动力。

二、政策实施与监管

博物馆不仅是文物的收藏和展示场所，更是文物保护工作的前沿阵地。本书将深入探讨博物馆在这一领域中的角色和责任，分析政策实施过程中的监管机制和措施，以及面临的挑战和应对策略。

（一）博物馆的角色与责任

博物馆在文物保护法规与政策实施中，首先扮演着执行者的角色。它们必须严格遵守国家和地方的相关法律法规，确保文物得到科学、规范的管理和维护。这包括文物的登记、分类、保管、修复、展示等各个环节。博物馆还需要配备专业的文物管理人员和技术人员，负责文物的日常管理和维护工作。

其次，博物馆还承担着教育和宣传的责任。它们应该通过举办展览、讲座、教育活动等形式，普及文物知识，提高公众对文物保护的意识和参与度。博物馆还应该积极与社区、学校等合作，共同推动文物保护工作的深入开展。

（二）政策实施过程中的监管机制和措施

为了确保文物保护法规与政策的有效实施，必须建立完善的监管机制和措施。首先，国家和地方政府应该加强对博物馆的监督和检查，确保博物馆严格遵守相关法律法规和政策的要求。这包括对博物馆的文物管理制度、人员配备、设施条件等方面的全面检查。

其次，应该建立文物保护的评估和反馈机制。通过对博物馆的文物保护工作进行定期评估，可以及时发现存在的问题和不足，并采取相应措施进行整改和提升。同时，公众和专家的反馈也是改进文物保护工作的重要依据。

（三）面临的挑战和应对策略

在文物保护法规与政策实施过程中，博物馆面临着诸多挑战。首先，资金不足是一个普遍存在的问题。文物保护工作需要大量的资金投入，包括人员工资、设施维护、修复费用等。博物馆应该积极争取政府和社会各界的支持，拓宽资金来源渠道。

其次，人才短缺也是一个亟待解决的问题。文物保护工作需要专业的知识和技能，但目前这方面的人才储备还远远不足。博物馆应该加强人才培养和引进工作，提高文物管理人员的专业素质和技术水平。

最后，公众参与度不高也是一个需要关注的问题。文物保护工作需要广泛的社会参与和支持，但目前公众对文物保护的意识和参与度还有待提高。博物馆应该加强宣传和教育工作，提高公众对文物保护的认识和重视程度。

第九章　博物馆在教育中的发展趋势

第一节　博物馆研学

一、博物馆研学旅行的定义

关于研学旅行，在政府文件《教育部等11部门推进中小学生研学旅行的意见》中给出了明确的定义："中小学生研学旅行是由教育部门和学校有计划地组织安排，通过集体旅行、集中食宿方式开展的研究性学习和旅行体验相结合的校外教育活动，是学校教育和校外教育衔接的创新形式，是教育教学的重要内容，是综合实践育人的有效途径。"博物馆研学是研学旅行中的重要组成部分，博物馆研学旅行在继承了研学旅行的教育目的之外，还有自身独特的教育价值。因此周婧景综合研学旅行的概念界定及博物馆相关概念，将博物馆研学旅行定义为："由教育部门等相关部委、学校、博物馆或社会机构有计划地组织安排，中小学生通过集体参与的方式，在博物馆场景中开展的，将研究性学习与旅行体验进行结合的校外教育活动。"基于此定义，在设计博物馆课程时应注意联合多方机构，以博物馆场所及资源为依托，使广大中小学生通过研究性学习与体验性学习得到全面发展。

二、博物馆研学课程的设计环节

博物馆拥有丰富的教育资源和相对开放的展馆空间，在课程设计时可以跳出学校课堂教学固有的模式。笔者尝试在泰勒课程评估模式即确定目标、选择经验、组织经验、评价结果四个阶段的基础上，结合建构主义教学理论，引入PBL模式的基本研究流程，以中国科学技术馆的研学课程为例，将博物馆研学课程的设计环节分为以下七个部分。

（一）行前课堂

通过读本、课件、影视资源等丰富的形式向学生介绍将要进行研学的博物馆的知识背景，让学生对研学内容有一个大致的了解，同时要做好课本知识链接，在学生学龄段可以理解的基础上调动学生好奇心并产生问题。除了背景知识以外，还应该讲解参观注意事项及安全教育相关知识，确保研学旅行活动的安全性。

中国科学技术馆的行前课堂主要包含以下几个部分：

1. 研学点简介

运用视频及图文资料，结合研学学生学龄段，向学生介绍中国科学技术馆的概况、研学主题相关的历史知识等内容。

2. 安全注意事项

疫情期间应该如何在人流量较大的场所做好防护，填写好基本信息，并利用漫画的形式，将安全教育变得更加活泼易懂，加深理解。

（二）场景讲解

博物馆展品丰富，展览具有一定的系统性，同时不同的展览主题区分也比较鲜明，若不能合理安排研学时间及线路，很容易造成"走马观花"的结果。在进行博物馆研学旅行活动前，教师可以向学生介绍将要进行研学的场景有哪些，将学习主动权交给学生，让学生发现自己的兴趣点。学生对研学场景有一定的了解后，可以自主选择重点研学线路，合理安排参观时间，在具体的研学过程中也能增加沉浸感，带来更好的研学体验。中国科学技术馆主展厅分为"华夏之光""探索与发现""科技与生活""挑战与未来"四个主题，在研学前，老师要在不同的展馆中设计贴合主题的研学任务，向学生讲解展览主题与课程任务之间的联系，使学生更好地进行自主探究。

（三）问题探究

学生确定个性化研学线路后，教师应适时做出引导，询问其原因，引出学生进行研学想要解决的问题，对有相同或相似问题的同学进行分组，成立问题探究互助小组，通过协作学习、探究学习的方式锻炼学生们的团结协作能力、组织能力和问题解决能力等。例如在中国科学技术馆的研学实践中，老师为学生们推荐了四个研究课题，每个研究课题都需要在多个展馆中进行探究，学生对科技馆有一个简单的了解之后，也可以以小组讨论的方式确定研究课题，教师根据确定的研学课题组织学习材料，选择教学场景的侧重点，并将博物馆内的资源通过讲解内化为学生进行实践探索的场所。

（四）实践探索

在上一个阶段的基础上，学生研学目标已经相当明确，以问题为导向，以各个互助小组研学重点为学习主题，在具体的场馆中创建教学情境，通过丰富的活动形式让学生寻找解决问题答案的材料与方法。

（五）分享交流

不同小组之间重点研学内容各不相同，同一小组之间认识问题的方式也存在差别。在具体的实践探索阶段结束后，可以组织学生们对探究内容进行分享交流。同一互助小组内可分享资料收集结果以形成较为完整的知识体系，不同小组之间可交流彼此的研究方法。教师在分享交流的过程中，让学生们自己总结研学过程中的经验与不足，在加深印象、深化知识理解的同时碰撞出更多的思维火花，同时要做好指引和总结工作。小组合作式的研学模式在博物馆场景中应用得非常广泛。在进行研究性学习的时候，学生往往很难凭借自身去完成以问题为导向的课程，这个时候，小组成员之间的互相配合，组内、组间思维的碰撞对整个研究性学习会产生非常有益的影响。

（六）知识拓展

现场研学告一段落，学生们一定意犹未尽，会产生更多的问题以待解决。此时应该趁热打铁，抓住"三分钟热度"，让学生将想要了解的问题列举出来，并在课后通过各种方式自己查阅资料进行知识拓展，提高自主解决问题的能力。

（七）综合汇报

研学课程结束后，学生要及时对实践探索内容进行总结，通过各种形式整理成报告并讲给同学或家长听，才能做到对研学内容的真正理解。中国科学技术馆研学课程的最后，给学生布置了一个小任务：学生在研学结束后需要将今日探究的内容以小宣传册的形式整理出来，介绍给其他年级的同学。在整理总结的过程中，小组成员进一步分享研学成果，锻炼沟通与表达能力、资料整理与综合分析能力。

通过以上七个阶段，学生在博物馆研学旅行活动中实现了通过"行前课堂了解相关资料→通过场景讲解提出问题→现场实践探索查找资料→解决问题→产生新的问题→查阅资料"这样一个完整的闭环，将以问题为导向的研学课程设计落到实处。

三、博物馆研学课程的设计原则

博物馆具有一定的封闭性，能够确保学生的安全，同时展厅场地大、展馆多、展品丰富，能够满足不同主题和不同形式的教学活动，使得博物馆成为研学旅行的最佳场所之一。近年来，党和国家高度重视发挥博物馆青少年教育功能，出台了一系列相关政策，推动中小学生利用博物馆资源开展学习，以全面提高学生综合素养。然而，当前博物馆研学课程质量参差不齐，无法保证中小学生的学习效果。笔者认为，博物馆研学课程设计应遵循以下几个原则。

（一）充分打通多方资源

学者鲍贤清将博物馆中的设计要素分为空间环境（由博物馆的外部空间和内部空间构成的总和）、展品、中介物（博物馆为了更好地发挥展品教育功能而设计的人工制品）和参观者的学习活动。除了以上几个要素，还应该注重不同博物馆之间以及博物馆与其他研学资源点之间的联动，打通多方资源，充分利用博物馆资源开展学习活动。

学者沈梦之将目前博物馆出现的研学进行了分类，分别是：原生研学课程，即完全依靠自身博物馆资源（馆藏资源以及专业工作人员）独立完成的研学课程；本地联动主题研学，即由一家博物馆牵头，设计一条本地研学线路，将本市各大博物馆、纪念馆等有机联合，创造的研学课程；跨区域联动主题研学，即博物馆走出所在城市，与国内其他博物馆合作设计合适的主题，制定一条合理的研学路线。单个博物馆馆藏资源有限，若将多个博物馆或将博物馆与其他研学点进行串联，形成主题研学线路，能够极大丰富研学课程内容与形式，增强沉浸感与体验感。

（二）不同学段，分层设计

小学、初中、高中不同学段的青少年成长特点不尽相同，学生的认知特征和心理特征均有差异。在进行博物馆研学课程设计时要做好学段分层，避免课程过于困难或简单。在地域特色方面建立起小学阶段以乡土乡情为主、初中阶段以县情市情为主、高中阶段以省情国情为主的研学活动体系。在学生发展核心素养方面，小学阶段应注重培养学生学会学习、健康生活能力；初中阶段应更加注重培养学生人文底蕴和科学精神；高中阶段应侧重于培养学生责任担当和实践创新能力。比如在设计与参观国博相关的研学任务时，针对小学阶段的学生，往往以让学生初步理解中华优秀传统文化为目标；而针对初、高中阶段的学生，就要通过政治、经济、文化甚至主题式的课程来理解某个或者某系列的出土文物及其蕴含的历史文化底蕴。

（三）"五育"并举，全面发展

博物馆研学旅行作为一种校外实践教育形式，其课程应该以促进学生德智体美劳全面发展为目标，培养学生爱国情怀、社会责任感、创新精神、实践能力。情感性目标（德育侧重）：通过博物馆研学让学生认识到中华文明的博大精深，加强对当地文化的认同感和文化自信；探究性目标（智育侧重）：通过研学让学生自主探究，学会自主学习，在多学科交叉的课程中找到自己的兴趣，实现个性化发展；体能性目标（体育侧重）：在研学课程中加入素质拓展、定向越野等活动来锻炼学生的体能和意志；体验性目标（美育侧重）：引导学生走进自然，感受不同文化，拓展视野，增强艺术修养；劳动性目标（劳育侧重）：结合博物馆研学内容，设计相关性强的劳动实践，使学生树立正确的劳动观点和劳动态度。

（四）学生为主，问题导向

建构主义教育提倡在教师指导下的，以学习者为中心的学习。博物馆作为校外教育机构，其研学活动应该不同于学校课堂教育，要将学习自主权交给学生，引导学生发现问题，以问题为导向引出相关的课程内容，发展中小学生的自主探究能力。

（五）情境沉浸，注重体验

体验性和游戏化教学可以最大程度调动学生在研学过程中的积极性。在博物馆自身已经提供的实物背景下，研学课程可以依托于展品作为沉浸元素，构建相关的场景设计和故事情节设计，创设与展品相关的学习情境，营造出游戏独有的特点，激发学习者的联想和兴趣，吸引学生沉浸于所塑造的情境之中。中国科学技术馆研学课程以火神祝融和"祝融号"火星车为主线进行设计，让学生化身为火神，在游戏中获得沉浸式体验，学生自主学习的积极性得到极大的提高。

作为一种非正式的教育场所，博物馆在对未成年人教育中所起的作用越来越重要。博物馆研学旅行通过打造行前、行中、行后的七个阶段的研学课程体系，以问题为导向，将学习自主权交给学生，并注重课程的探究性与体验性，充分利用博物馆资源开展学习，以全面提高学生综合素养。

第二节　博物馆在教育中的应用

博物馆在教育中的应用广泛且深远，它们不仅是历史和文化的守护者，也是教育的重要资源。博物馆通过展示丰富的文物、艺术品和自然标本，为公众提供了一个直观、生动的学习环境。

博物馆为学生提供了实地学习的机会。在博物馆中，学生可以亲身接触到各种实物，这些实物往往比书本上的知识更加生动、具体。例如，历史文物可以让学生直观地了解历史时期的生活方式、文化传统和社会变迁；自然标本则可以帮助学生了解生物多样性和自然界的奥秘。这种实地学习的经验能够激发学生的学习兴趣和好奇心，促使他们主动探索和学习。

博物馆通过举办各种教育活动和项目，为学生提供了多样化的学习方式。这些活动可以包括讲座、研讨会、工作坊、互动游戏等，旨在满足不同年龄段和兴趣爱好的学生。通过这些活动，学生可以深入了解某个主题或领域的知识，同时也可以提升他们的批判性思维、创造力和沟通能力。

博物馆还通过与学校合作，将文物和教育资源引入课堂。这种馆校合作的方式可以帮助学生将课堂上学到的知识与博物馆中的实物相联系，从而加深对知识的理解。同时，博物馆也可以为学校提供丰富的教育资源和支持，帮助教师更好地进行教学活动。

博物馆还通过数字化和智能化的手段，为公众提供更加便捷、高效的学习体验。例如，许多博物馆都建立了自己的网站和在线数据库，公众可以通过这些平台获取丰富的教育资源和信息。同时，虚拟现实（VR）、增强现实（AR）等技术也为公众提供了更加沉浸式的学习体验，让他们仿佛置身于历史或自然的环境中。

博物馆在教育中的应用具有广泛而深远的影响。它们不仅为学生提供了实地学习的机会和多样化的学习方式，还通过与学校合作和数字化手段，为公众提供了更加便捷、高效的学习体验。在未来的教育中，博物馆将继续发挥其独特的作用和价值，为培养具有全球视野和终身学习能力的人才做出贡献。

第三节　博物馆教育与学校教育的融合

进入21世纪以后，公民科学素养成为国家综合实力的重要组成部分，博物馆作为公众终身科学学习的重要场所，其教育功能的发挥日益受到重视。而且，在社会变革的大背景下，博物馆的教育理念正在发生转变，从教到学，从传递信息到建构知识；教育对象从以成人为主转向面对学生，再到面向全年龄段人群；活动实施的场所从馆内发展到馆内外，从线下到线上与线下相结合；项目活动的设计也从博物馆自身转向博物馆与学校、社区及其他机构合作完成。教育功能的日趋突出、理念的转变、对象的多样性、场地在时空上的拓展，以及跨机构的合作设计在不断挖掘博物馆教育潜能的同时，也使博物馆教育项目的设计面临前所未有的挑战。

为了应对挑战，我们需要深入探讨博物馆教育项目的内涵，研究教育理念及项目设计理论的历史与发展，梳理成功项目设计的共同特征，总结基本设计原则，为剖析本书精选的国内外优秀项目案例奠定基础。

一、博物馆科学教育项目的定义

科学教育作为博物馆教育的一个重要分支，它的发展脱离不了博物馆教育发展的大背景。探讨场馆科学教育项目的设计也因此必须从明确博物馆教育的定位开始。

博物馆面向公众开放之初，对于自身教育的定位是利用藏品展示、娱乐和启迪参观者。到了19世纪末20世纪初，受民主主义教育思潮影响，博物馆先驱们意识到仅靠展品难以达到理想的传播效果，解说员等承担场馆教育工作的职位由此出现。之后，博物馆开始面向学校学生设计专门的教育项目或学习活动。到了20世纪后期，教育逐渐成为博物馆核心功能之一。一些专业机构和研究者尝试从不同角度定义博物馆的教育和学习，以明确其功能。

国际博物馆协会（ICOM）对博物馆教育的描述是：博物馆的一个重要职责是发挥教育作用，扩大其服务范围，吸引更多来自不同社区、地区及团体的参观者，并在与这些目标受众互动中实现人类的文化传承。类似地，美国博物馆协会（AAM）对博物馆教育的定位是"传播知识，丰富公众见识，培养博闻广识，能够在全球化社会中应对挑战，抓住机遇的公民"。ICOM和AAM的定义侧重描述博物馆承担的"服务公众，传播文化"的职责，是博物馆教育功能的行业道德准则，说明了博物馆教育的重要性，但并没有涉及博物馆教育功能的具体范围。

美国首都博物馆的托马斯·福特认为："所谓的博物馆教育就是让来博物馆的人自由参观、比较、提出问题、自己学习，而博物馆按照每个来馆者的需要、情趣，为其选择最适当的教育服务。"这一定义凸显了博物馆为参观者提供服务，支持参观者自我学习的功能。

英国博物馆学家霍珀·格林希尔认为，博物馆本身就是一个教育机构，博物馆的所有活动都具有教育目的，包括资料（如绘画、标本、历史、手工艺品等）的收集、展览的设计和制作、特殊活动及教学会议的安排等。格林希尔的这一定义表明，博物馆的教育功能是通过设计依托博物馆资源的具体教育项目来实现的。

总的来说，最开始学界倾向于将博物馆教育视为场馆展示与传播活动下的一个分类。发展到现在，越来越多的学者将博物馆视为一个教育机构，认为场馆的所有活动都带有社会教育的目的，并强调围绕场馆资源设计系列活动，构成教育项目，达到充分发挥场馆教育功能的目的。

根据博物馆教育项目的现代定义，博物馆科学教育项目即博物馆围绕展览、藏品和研究等馆内资源展开的一系列有组织、有目的的科学学习活动。

二、博物馆科学教育项目的设计特征

正如上文所述，当下的博物馆科学教育深受建构主义思潮影响，认为学习的不可分割性决定了博物馆的科学学习功能不能独立存在，要与社会其他结构（学校、社区和其他相关机构）密切合作，利用场馆独特的资源创设面向各类人群的科学教育项目或活动，为公众创设终身学习的环境。学习的建构性决定了所设计的科学项目要充分考虑学习者的原有背景，通过创设真实情境帮助学习者在不断推理、反思和合作过程中建构对科学现象的理解。因此，国内外颇具影响力的博物馆科学教育项目（比如本书精心筛选的案例）在设计特征上或多或少表现出了如下一些共性。

（一）以学习者原有经验为基础，为不同人群定制教育项目

在教育领域，一个成功的教育项目必须考虑到学习者社会背景和认知基础的多样性。这种多样性源于每个人的成长经历、文化背景、受教育程度以及个人兴趣的差异，使得每个人对知识的接受和理解方式都各不相同。因此，为了真正满足不同人群的学习需求，教育项目的设计必须摒弃传统的"一刀切"模式，转而采用更为灵活和个性化的方法。

传统的指导讲解型教育模式往往侧重于知识的单向传授，忽视了学习者的主体地位和主观能动性。这种模式下的教育项目通常缺乏互动性和趣味性，难以激发学习者的学习兴趣和动力。相比之下，一个优秀的教育项目应该能够根据不同受众的特点和需求，设计出具有针对性和吸引力的活

动内容。

例如，对于学生群体，教育项目的设计可以更加注重实践性和探索性。通过"馆校合作"的方式，博物馆和学校可以共同开发一系列富有创意和趣味性的科学课程。这些课程可以充分利用博物馆的丰富资源和专业优势，为学生提供更加真实和深入的学习体验。同时，学校教师也可以参与到项目设计的工作中，确保课程内容与学生的实际需求和兴趣点相契合。

除了馆校合作课程外，针对学生的教育项目还可以包括各种形式的夏令营、科学竞赛、实验室探究等活动。这些活动旨在通过互动和实践的方式，激发学生的好奇心和探索欲望，培养他们的科学素养和创新能力。有时，为了让学生更好地融入学习情境，教育项目还会采用角色扮演的方式，让学生在模拟的真实场景中发展身份认同和解决问题的能力。

而对于成人学习者来说，教育项目的设计则需要更加注重实用性和专业性。成人学习者往往已经具备了一定的知识基础和实践经验，他们更加关注如何将所学知识应用到实际工作中去。因此，针对成人的教育项目可以包括各种职业拓展课程、专业研讨会、实践工作坊等活动。这些活动旨在帮助成人学习者提升职业技能、拓展专业视野、解决实际问题。

例如，一些博物馆会开设面向专业人士的生物学拓展课程，课程内容涵盖最新的科研成果和技术应用，旨在帮助学习者掌握前沿知识和专业技能。此外，还有一些教育项目以"科学社交"为亮点，如旧金山的探索馆所举办的"夜幕降临"活动，这类活动将科学知识与社交互动相结合，让学习者在轻松愉悦的氛围中交流思想、分享经验。

总的来说，一个成功的教育项目必须以学习者的原有经验为基础，针对不同人群的特点和需求进行定制化设计。通过灵活多样的活动形式和内容安排，教育项目可以激发学习者的学习兴趣和动力，提升他们的知识水平和综合素养。同时，教育项目的设计还需要注重与教育行政部门、学校管理部门和博物馆等机构的紧密合作，确保项目的顺利实施和可持续发展。

（二）以探究为基本学习方式

在科学教育领域，探究被视为一种基本而有效的学习方式。这种方式强调学习者积极主动地参与到科学问题的探索中，通过一系列实践活动来建构对科学的理解和发展自身的科学素养。本书所介绍的多数教育项目，正是以探究为核心，设计出一系列富有挑战性和吸引力的活动，让参观者在探究的过程中体验科学的魅力，提升科学思维能力和创新精神。

这些项目通常从参观者感兴趣的科学问题出发，鼓励他们像科学家一样展开探究。探究的过程包括提出问题、制订计划、观察实验、收集数据、分析推理、论证成果、发表交流以及反思总结等多个环节。在这个过程中，参观者需要像科学家一样思考，运用科学的方法论和逻辑思维来解决问题，从而建构自身对科学的理解。

英国的"公民科学家"项目就是一个典型的例子。这个项目整合了研究与教育，让公民成为科学数据的收集与分析工作者。通过参与科学研究，公民不仅可以更深入地理解科学，还能为科学的发展做出自己的贡献。这种参与式的科学学习方式，不仅提高了公民的科学素养，还增强了他们对科学的认同感和归属感。

同样，美国自然历史博物馆的"青年博物学奖"项目也是以探究为基本学习方式。这个项目鼓励有志从事科学工作的中小学生进行独立的科学研究与科学论文写作。在探究的过程中，学生需要自主提出问题、设计实验方案、收集和分析数据，并最终形成科学论文。这个过程不仅锻炼了学生的科学研究能力，还培养了他们的批判性思维和创新精神。同时，该项目还为学生提供了专业而系统的科学方法指导，帮助他们在科学研究的道路上更好地成长和发展。

总的来说，以探究为基本学习方式的教育项目，旨在让学习者通过亲身实践来体验科学的魅力，提升科学素养和创新能力。这种学习方式不仅有助于培养学习者的批判性思维和问题解决能力，还能增强他们对科学的兴趣和热爱。因此，在科学教育中，我们应该更加注重探究学习的实践与应用，为学习者创造更多富有挑战性和吸引力的探究机会。

（三）以创设真实情境为学习环境设计特征

博物馆作为文化和知识的殿堂，拥有丰富多样的资源，为参观者提供了难得的学习机会。近年来，越来越多的博物馆开始利用自身独特的资源，为参观者创设真实的学习环境，让他们在科学问题产生的情境中，亲身探索展品背后的科学原理和科学故事。

以美国休斯敦自然科学博物馆为例，该馆通过精心设计的实地探索课程，将常设展览转化为生动的学习场景。在这些课程中，学生被引导模拟不同的生物，置身于各种生态环境中，思考如何解决面临的生存危机。这种角色扮演的学习方式，不仅增强了学习的趣味性，还帮助学生更深入地理解生物学的原理和生态系统的运作。

与此同时，随着信息技术的发展，一些博物馆也推出了线上项目，利用虚拟现实（VR）、增强现实（AR）等技术，为参观者打造沉浸式的学习环境。在这些项目中，参观者可以扮演科学家、当地居民或某一特殊动植物等角色，在虚拟世界中探索科学问题、完成任务。这种游戏化的学习方式，不仅吸引了参观者的兴趣，还在娱乐中提升了他们的科学素养。

除了单一形式的活动，有些博物馆还打破了传统的设计模式，将不同类型和不同层次的活动巧妙地组合成系列教育项目。这些项目中的每一个子类都可以作为一个独立的活动进行，也可以与其他形式的活动相结合，形成更加丰富多样的学习体验。这种灵活的设计方式，不仅扩大了项目的覆盖面，还拓展了学习的深度，使博物馆的教育功能得到更充分的发挥。

以本书选取的美国国家航空航天博物馆为例，该馆的"物体如何飞行"展区就采用了这种综合设计的方式。既有针对学生的线下馆校合作课程，让他们亲身体验飞行的魅力；也有针对飞行爱好者的线上学习资源，满足他们随时随地学习的需求。这种线上线下相结合的教育模式，不仅丰富了学习的形式，还满足了不同群体的学习需求。

同样值得一提的是英国的"公民科学家"项目。这个项目由英国多个博物馆共同参与，为公民提供了不同主题但方法相似的学习活动。通过在线指导和实践支持，这个项目鼓励公民参与到自然科学的研究中来，为科学的发展贡献自己的力量。这种参与式的科学学习方式，不仅提升了公民的科学素养，还促进了科学与社会的紧密联系。

总的来说，博物馆利用自身资源为参观者创设真实学习环境的方式多种多样，无论是实地探索课程、线上虚拟学习还是综合教育项目，都体现了博物馆在科学教育方面的创新和实践。这些项目不仅让参观者在科学问题产生的情境中探索展品背后的科学原理和科学故事，还提升了他们的科学素养和创新精神，为科学的发展和社会的进步做出了积极的贡献。

三、博物馆科学教育设计原则

在梳理博物馆科学教育项目共有特征的过程中，一些跨越类别的设计原则逐渐明晰，本书将其概括为场馆项目设计的三大基本原则。

（一）围绕公众关心的科学问题进行设计

几乎所有有影响力的博物馆项目在主题选择上不是从生活中的科学出发，就是聚焦社会热点科学问题。这一原则强调的是已有经验的重要性，以及科学学习的情境性与文化性。具体来说，这一原则倡导人人可以学科学，通过创设熟悉或有代入感的情境让参观者主动参与科学实践，利用展品和信息技术让抽象的科学现象可视化，让复杂的科学概念易于理解，借助探究模式让参观者学会用科学方法解决日常问题，进而认识科学的本质与科学的作用。

（二）以"培养合作学习能力"为设计目标

无论是美国的21世纪核心技能，欧盟的核心素养，还是我国最新发布的《中国学生发展核心素养》，都强调社会合作的重要性。博物馆内开展的科学教育活动因其普遍具有的自主性与探究性特质而特别适合用于培养学习者的倾听、论证、沟通与评价等合作能力。

博物馆项目中大多数涉及科学研究的部分都要求学习者以小组为单位进行项目研究。即使是一些针对个人的项目也会设置问题讨论或成果分享环节，比如美国波士顿儿童博物馆基于互联网的"第二课堂"在方法指导中明确提出要安排儿童分享与交流，以及基于交流的改进环节。英国自然历史博物馆"公民科学家"项目则通过促使公民参与科学研究向公众传达普通公民也能对科学研究做出贡献这一理念，并突出全民参与和数据共享在加速科学研究进展方面的重要性。

（三）跨领域多元合作设计模式

目前，国外大多数博物馆都尽量利用馆藏优势，借助场馆自身影响力寻求外部合作，在政府政策支持下，搭建沟通平台，整合馆内外资源，通过跨领域协作提升科学教育项目的品质。以英国自然历史博物馆针对硕士研究生、博士研究生的生物学系列拓展课程为例，这一系列课程分别与伦敦帝国理工学院、伦敦大学学院和动物研究所合作开设，由博物馆研究者与其他机构研究者共同担任教师，联合场馆馆藏资源和高校研究优势为研究生提供精致课程。

以澳大利亚的"火星实验室教育"项目为例，该项目由政府资助，由悉尼应用技术与科学博物馆、澳大利亚太空生命研究中心、悉尼大学、周围中学和社区联合开发。该项目在设计过程中征询了多所中学科学教师的建议，紧扣国家科学课程目标。该项目的目的是整合博物馆与其他研究机构的资源，利用互联网为澳大利亚中学生提供远程探索火星生命的机会。

简单来说，成功的科学教育项目在设计、实施与改进过程中都离不开跨领域专家的团队合作，来自高校和专业科研机构的自然科学家保证学习内容的科学性，学习领域的研究者保证学习过程的有效性，一线学校教师确定非正式学习目标与正式目标之间的衔接性，保证学习者科学学习的系统性，与社区以及其他机构的合作保证博物馆项目围绕目标群体关心的科学主题展开。其中，博物馆教育工作者作为项目的整体设计者与改进者，需要协调与沟通不同领域的专家，并在实践过程中改进与完善项目设计。

第十章 文物管理制度与实践

第一节 国际文物管理原则与实践指南

文物，无论是矗立于大地上的宏伟古建筑，还是沉睡在博物馆里的精致小件，都是一个国家或地区不可估量的宝贵财富。它们身上刻满了时间的印记，见证了历史的变迁，承载着深厚的文化底蕴，同时也展示了人类智慧和艺术的无穷魅力。正因为文物拥有着如此丰富的历史、文化和艺术价值，它们的保护工作才显得尤为重要和迫切。

为了有效地保护这些弥足珍贵的文物遗产，国际社会已经达成广泛的共识，并通过一系列的国际标准和指南来指导和规范文物保护工作。这些标准和指南的出台，不仅体现了国际社会对文物保护的高度重视，也为各国在文物保护方面提供了有力的参考和依据。

关于这些国际标准和指南的重要性，首先表现在它们为文物保护工作提供了统一的规范和准则。通过遵循这些标准和指南，各国可以更加科学、系统地进行文物保护，从而确保文物的安全、完整和可持续性。其次，这些标准和指南还促进了国际间的交流与合作。在共同的标准和准则下，各国可以更加便捷地分享文物保护的经验和技术，共同应对文物保护面临的挑战。

具体到这些国际标准和指南的内容，涵盖了文物的鉴定、保存、修复、展示等多个方面。比如，对于文物的鉴定，标准和指南要求采用科学的方法和技术，准确识别文物的年代、材质、工艺等信息；对于文物的保存和修复，标准和指南则强调要遵循"最小干预原则"，即在保证文物安全的前提下，尽可能减少对文物原貌的干预和破坏。

在实施方面，各国政府和相关机构都积极响应和参与国际标准和指南的制定和实施工作。通过立法、资金支持、技术培训等措施，推动文物保护工作在本国的开展和落实。同时，国际社会也通过定期的评估和监督机制，确保这些标准和指南得到切实有效的执行。

总的来说，文物保护的国际标准和指南在保护人类共同的文化遗产方面发挥着不可或缺的作用。它们不仅为文物保护工作提供了科学的指导和规范，也促进了国际间的合作与交流，共同守护着我们宝贵的历史和文化记忆。

一、国际标准和指南的重要性

国际标准和指南在文物保护领域的重要性是毋庸置疑的，它们为全球范围内的文物保护工作提供了统一、科学的指导原则和操作规范。

通过制定统一的国际标准和指南，不同国家之间的文物保护工作得以在相同的框架和标准下进行，这极大地促进了国际间的合作与交流。各国可以共同分享保护经验、技术和资源，共同应对文物保护所面临的挑战，形成全球一体化的保护力量。这种跨国合作不仅有助于提升各国文物保护工作的水平，还能够加强国际社会对文物价值的共同认知和尊重。

国际标准和指南为文物保护提供了科学、规范的操作指南。这些标准和指南通常基于最新的科研成果和实践经验，对文物的鉴定、保存、修复、展示等各个环节都提出了明确的要求和建议。遵循这些标准和指南，可以确保文物保护工作的科学性、系统性和可持续性，最大限度地保护文物的原真性和完整性，减少因操作不当而造成的损害。

国际标准和指南在公众教育和意识提高方面也发挥了积极的推动作用。通过宣传和推广这些标准和指南，可以让更多的人了解和认识到文物保护的重要性，增强公众的文物保护意识和责任感。同时，这些标准和指南也为教育机构、博物馆等提供了有力的教学工具和宣传素材，帮助它们更好地开展文物保护教育和普及工作。

二、文物保护的国际标准

(一)《国际文物保护法准则》(The International Law on the Protec- tion of Cultural Heritage)

文物保护的国际标准之一是《国际文物保护法准则》，这一具有里程碑意义的法准则于1972年由联合国教科文组织（UNESCO）精心制定并通过，其核心宗旨在于促进全球各国对珍贵文化遗产的积极保护，并强调国际合作在文物保护工作中的重要性。

《国际文物保护法准则》涵盖了广泛而深入的内容，它首先明确了各国在保护文化遗产方面所承担的义务和责任。这一准则强调，文化遗产不仅仅是一个国家或地区的私有财产，更是全人类的共同财富。因此，每一个国家都有义务采取必要措施，确保其领土内的文化遗产得到充分的保护和尊重。

为了实现这一目标，《国际文物保护法准则》提出了一系列具体的行动措施和建议。其中包括建立专门的文物保护机构，制定和实施全面的文物保护政策，加强文物保护专业人员的培训和教育，以及加大对违法破坏文物行为的打击力度等。这些措施旨在从各个层面和角度，全方位地提升文物保护工作的水平和效果。

此外，《国际文物保护法准则》还特别强调了国际合作与交流机制的重要性。它鼓励各国之间开展广泛的合作与交流，共同分享文物保护的经验和技术，共同应对文物保护所面临的挑战。通过国际合作，可以更加有效地推动全球文物保护事业的发展，让更多的人了解和认识到文化遗产的宝贵价值。

总的来说，《国际文物保护法准则》是全球文物保护工作的重要法律依据和指导原则。它为世界各国在文物保护方面提供了明确的行动指南和合作框架，有助于促进全球文物保护事业的持续、健康发展。

（二）《天津宣言》

《天津宣言》是 2002 年世界文化遗产专家委员会在中国历史文化名城——天津隆重举行的国际研讨会上，经过深入讨论和广泛共识后通过的。这一宣言不仅是对文物保护事业的重要贡献，更是对全球文化遗产保护意识的深刻体现。

在《天津宣言》中，与会专家们强调了文物保护的极端重要性。他们指出，文物作为人类历史的见证和文化的载体，承载着丰富的历史信息和深厚的文化底蕴。保护文物不仅是对历史的尊重，更是对文化的传承。因此，全球各国都应该将文物保护作为一项重要任务，加大投入力度，采取有效措施，确保文物的安全和完整。

同时，《天津宣言》还提出了一系列具体的行动方案和目标。这些方案和目标涵盖了文物保护的各个方面，包括加强文物保护法律法规的建设、提高文物保护科技水平、加强文物保护人才培养、推动文物保护国际合作等。通过这些行动方案和目标的实施，可以全面提升全球文物保护工作的水平和质量，为后人留下更多宝贵的历史遗产。

《天津宣言》的通过具有重要的里程碑意义。它不仅推动了国际社会对文物保护的关注和努力，还为全球文物保护事业提供了重要的指导和支持。在天津宣言的引领下，全球各国纷纷加大了对文物保护的投入力度，开展了一系列卓有成效的工作。这些努力不仅让更多人了解和认识到文物的价值，更为全球文化遗产的保护和传承奠定了坚实的基础。

三、文物保护的国际指南

（一）《NARA文件》：构建全球文物保护新体系

《NARA文件》，这份具有划时代意义的全球性文件，于1994年由联合国教科文组织精心制定并通过。它不仅仅是一份普通的倡议或声明，更是一项致力于保护人类共同文化遗产的宏伟计划。这份文件的诞生，源于对全球范围内日益加剧的文化遗产破坏和丧失的深刻忧虑，以及对未来世代传承权的坚定捍卫。

《NARA文件》强调了文物保护的重要性，它明确指出，文物作为人类历史和文化的珍贵载体，不仅承载着过去的信息和智慧，更是连接现在与未来的桥梁。保护文物，就是保护我们的根和魂，就是保护我们的多样性和创造力。因此，文件呼吁全球各国政府、非政府组织、企业和个人，都要积极参与到文物保护的事业中来，共同承担起这份历史责任。

同时，《NARA文件》也提出了在保护方面应采取的具体措施。这些措施包括但不限于：加强文物保护的法律法规建设、提高保护技术和方法的科技含量、加强国际间的合作与交流，以及推动公众教育和意识的提升等。通过这些措施的实施，可以构建一个更加全面、系统、有效的文物保护体系，确保文物得到更好的保护和传承。

值得一提的是，《NARA 文件》的核心思想在于确保文物保护与可持续发展相结合。它认为，文物保护不仅是一项独立的任务或目标，更应该与经济社会发展、生态环境保护等各个领域相互融合、相互促进。只有在可持续发展的框架下，文物保护才能真正实现其应有的价值和意义，也才能为人类文明的持续繁荣和进步做出更大的贡献。

总之，《NARA 文件》是一份具有里程碑意义的全球性文件，它为全球范围内的文物保护事业提供了重要的指导和支持。通过这份文件的引领和推动，我们有望共同构建一个更加美好、和谐、繁荣的世界文化遗产保护新格局。

（二）《雅典宪章》：为全球文化遗产保护提供行动纲领

《雅典宪章》，一份在 2003 年由国际权威委员会精心制定并广泛认可的重要指南，对全球文物保护事业产生了深远的影响。这份宪章不仅是对过去文物保护经验的总结，更是对未来保护工作的前瞻与指引。

该宪章着重强调了文物保护的联合责任。它明确指出，保护文物不仅是单个国家或地区的任务，而是全人类共同的责任。各国应携手合作，共同致力于文物的保护、修复与传承，确保这些珍贵的历史遗产得以完好留存，为后人传递丰富的历史与文化信息。

在保护方面，《雅典宪章》提出了一系列具体而明确的原则和方法。这些原则和方法涵盖了文物的鉴定、保存、修复、展示等多个环节，为各国的文物保护工作提供了有力的指导和支持。遵循这些原则和方法，可以确保文物在得到科学保护的同时，也能最大程度地保留其原真性和历史价值。

此外，《雅典宪章》还倡导了文化遗产保护与可持续发展之间的密切关系。它强调，保护文化遗产不仅是为了保留历史记忆和文化传统，更是为了推动经济社会的可持续发展。通过合理利用和开发文化遗产资源，可以为当地带来经济效益和社会效益，实现文化遗产保护与经济社会发展的良性循环。

因此，《雅典宪章》呼吁各国积极采取措施保护文化遗产。这些措施包括但不限于制定和完善文物保护法律法规、加大资金投入和人才培养力度、推动科技创新和成果转化等。通过各国的共同努力和持续投入，相信我们能够保护好这些宝贵的历史遗产，为全人类留下丰富的文化遗产宝库。

四、国际标准和指南的实施情况

国际标准和指南的实施情况在全球范围内呈现出多样化的态势，其实施的深度和广度因地区和国家而异。一些发达国家和地区，由于经济、科技和文化等方面的优势，得以在实施国际标准和指南方面取得令人瞩目的进展。

以欧洲为例，欧洲各国之间的合作机制在文物保护领域已经相对成熟。它们通过共同的研究项目、定期的交流会议以及共享的资源平台，形成了一个紧密而高效的合作网络。这种合作模式不仅促进了欧洲各国在文物保护技术和方法上的共同进步，还推动了国际标准和指南在欧洲地区的广泛实施。此外，欧洲各国在文物保护方面的政策制定和执行也相对先进，为文物的长期保存和传承提供了有力的制度保障。

然而，与发达国家和地区相比，一些发展中国家在实施国际标准和指南方面面临着更多的挑战。资金、技术和人力资源的匮乏是制约这些国家文物保护事业发展的主要因素。由于缺乏足够的资金投入，许多发展中国家的文物保护工作往往难以得到有效的开展；而技术和人力资源的短缺则进一步削弱了这些国家在文物保护领域的自主研发和创新能力，导致国际标准和指南的实施程度在不同国家之间存在显著差异。

为了提高国际标准和指南的实施情况，国际社会需要进一步加强合作与交流。首先，国际组织如联合国教科文组织应发挥更大的协调作用，推动各国在文物保护领域的合作与对话。通过组织定期的国际会议、研讨会和培训活动，为各国提供一个分享经验、交流技术的平台，促进国际标准和指南在全球范围内的普及和实施。

其次，开展培训和技术援助是提升发展中国家文物保护能力的重要途径。发达国家可以通过向发展中国家提供技术支持、人员培训以及项目合作等方式，帮助这些国家提高文物保护工作的水平和质量。同时，国际社会还可以设立专门的文物保护基金，为发展中国家提供资金援助，支持它们在文物保护事业上的发展。

最后，各国政府应加大对文物保护事业的投资力度。通过增加财政拨款、设立专项基金以及引导社会资本投入等方式，为文物保护工作提供充足的资金支持。同时，各国还应加强文物保护法律法规的建设和执行力度，为文物的长期保存和传承提供坚实的法律保障。只有这样，才能确保国际标准和指南在全球范围内得到有效实施，共同推动人类文化遗产的保护与传承事业不断向前发展。

五、国际合作，共筑文物保护之路

国际标准和指南在文物保护领域具有举足轻重的地位，它们为全球范围内的保护工作提供了科学、规范的操作指南。这些标准和指南是文物保护实践经验的结晶，涵盖了文物的鉴定、保存、修复、展示等多个方面，为各国的文物保护工作提供了有力的指导和支持。

通过遵循国际标准和指南，各国可以更加科学、规范地开展文物保护工作，确保文物得到妥善保存和传承。同时，这些标准和指南也促进了国际合作与交流。各国在文物保护方面的合作与对话得以加强，共同研究、分享经验、交流技术成为可能，从而推动了全球文物保护事业的进步。

然而，尽管国际标准和指南的重要性不言而喻，其实施情况却面临着地区和国家差异的挑战。由于经济、文化、历史等背景的差异，各国在文物保护的理念、方法、技术等方面存在不同。这导致国际标准和指南在某些地区的实施程度可能较低，甚至存在实施困难的情况。

为了进一步推进文物保护事业，国际社会必须加强合作，共同努力。首先，各国应加深对国际标准和指南的理解和认同，充分认识到它们在文物保护工作中的重要作用。其次，国际社会可以通过加强协调、开展培训、提供技术援助等方式，帮助发展中国家提高文物保护能力，缩小与发达国家之间的差距。

此外，各国还应加强在文物保护领域的法律法规建设，为文物保护工作提供坚实的法律保障。同时，加大对文物保护事业的投入，提高保护工作的效率和质量。只有通过所有国家的共同努力和持续投入，我们才能更好地保护并传承人类宝贵的文化遗产。让这些珍贵的文物见证历史、启迪未来，为全人类的文化繁荣和进步贡献力量。

第二节　各国博物馆文物管理制度的比较研究

博物馆作为历史与文化的宝库，其文物管理制度是衡量一个国家文化遗产保护水平的重要标尺。在比较各国博物馆文物管理制度时，可以发现显著的差异与共性。一方面，一些国家强调文物的细致分类与严格监管，如法国和意大利，它们拥有丰富的历史文化遗产，因此采取了极为精细的管理措施，从文物的鉴定、保存到展示，每一环节都有严格的规定和流程。而在美国，由于其博物馆体系较为多元，既有国家级的大型博物馆，也有众多地方性和专题性博物馆，因此其管理制度更加注重灵活性和自主性，鼓励各博物馆根据自身特点制定个性化的管理策略。

另一方面，无论各国管理制度如何差异，保护文物的完整性和原真性始终是核心目标。日本博物馆的文物管理制度以其精益求精的态度而著称，强调对文物进行最小干预的保存和修复。与此同时，随着全球化进程的加速，各国博物馆也越来越重视国际间的合作与交流。这种趋势在管理制度上也有所体现，如共同制定国际性的文物保护标准和指南，以及加强跨国界的文物展览和研究项目合作等。通过这些比较，我们可以更深入地理解不同文化背景下博物馆文物管理制度的多样性和发展趋势。

一、政府对博物馆的管理：美国模式的多样性与自主性

政府对博物馆的管理方式，在不同国家有着不同的体现，尤其是在美国这一联邦制国家中，其管理体制显得尤为复杂和多样。美国并没有设立一个统一的中央机构来全面主导和管理全国的博物馆事务，这与许多其他国家的集中管理体制形成鲜明对比。

史密森尼研究院作为美国的国家博物馆系统，其地位虽然崇高，直接隶属于国会，但与国会的交往主要限于每年的财政预算决策。这种关系模式使得史密森尼研究院在财政上得到了一定的保障，同时在日常运营和业务开展上又能够保持相对独立和自主。

此外，美国国家公园管理局也涉足博物馆领域，其下辖的一些遗址类

博物馆在行政和经费方面与国家公园管理局存在紧密联系。然而，在业务层面，这些博物馆却享有高度的自主权。它们可以根据自身的专业特点和公众需求，独立策划展览、开展教育活动和研究项目，这种管理方式极大地激发了博物馆的创新活力，提升了服务质量。

在各州层面，政府对博物馆的管理方式更是呈现出多样化的特点。有的州政府设立了专门的"博物馆处"等机构来负责州内博物馆的审核、监督和服务工作；而有的州则将博物馆的管理职责划归教育部门统一负责。这些不同的管理方式反映了各州对博物馆地位和作用的不同认识和定位，同时也体现了美国联邦制下各州在文化教育领域的自主性和创新性。

值得注意的是，无论是联邦层面还是各州层面，政府在博物馆管理中的角色更多的是提供服务和支持，而非严格意义上的行政管理。政府通过制定法律法规、提供经费支持、开展专业培训等方式，为博物馆的健康发展创造了良好的外部环境。

总的来说，美国政府对博物馆的管理方式充分体现了多样性和自主性的特点。这种管理体制既保障了博物馆的独立性和自主性，又为其提供了必要的服务和支持，有助于激发博物馆的创新活力、提升服务质量，同时也为公众提供了更加丰富多彩的文化体验。

二、美国博物馆的"董事会领导下的馆长负责制"及其内部管理特色

美国博物馆的内部管理体制呈现出一种趋同的态势，其中，"董事会领导下的馆长负责制"成为普遍采用的管理模式。在这一体制下，董事会作为博物馆的最高决策机构，扮演着至关重要的角色。然而，董事会并不直接干预博物馆的日常事务，而是将这些职责委托给由他们精心挑选和任

命的馆长来全权负责。这种管理方式既确保了博物馆的专业性和自主性，又为其提供了必要的指导和支持。

在美国博物馆的内部结构中，通常可以划分为两大部类：业务部类和经营管理部类。尽管少数博物馆设有专门的总经理职位来负责经营管理事务，但绝大多数博物馆仍选择由一位副馆长来承担这一职责。这种分工方式在一定程度上确保了博物馆业务和经营管理的协调发展。同时，为了提升馆长的地位和权威，一些博物馆还会给馆长加上"首席执行官"等头衔，以进一步明确其领导地位和责任。

美国博物馆的内部机构设置和职位安排具有高度的灵活性。馆长可以根据博物馆的实际需要和经费状况随时调整内部机构和职位设置，以确保博物馆的高效运转和资源的合理利用。这种灵活性不仅有助于博物馆快速适应外部环境的变化，还能够激发员工的创新活力和提升服务质量。

在处理内部管理和对外交往中的争议和纠纷时，美国博物馆注重运用法律手段来维护自身的权益。一些大型博物馆甚至建立了专门的法律部门来处理相关法律事务，而其他博物馆也会聘请专职律师或法律顾问来提供法律咨询和支持。这种注重法治的精神不仅有助于博物馆规范自身行为，还能够为其在复杂多变的社会环境中提供有力的法律保障。

此外，美国博物馆还十分重视建立各种顾问和咨询性质的组织，广泛吸收社会各界知名人士参加。这些组织在博物馆的筹款、经营、业务等方面发挥着重要的作用，成为博物馆发展的重要支持力量。通过与这些组织的紧密合作，博物馆不仅能够获得更多的资源和支持，还能够提升自身的社会影响力和公信力。

三、大都会艺术博物馆的管理体制详解

大都会艺术博物馆作为世界知名的艺术殿堂，其管理体制同样备受瞩目。在博物馆的高层架构中，除了董事会这一最高决策机构外，还设有馆长和总经理两大核心职位，共同负责博物馆的日常运营和管理。

馆长作为首席执行官，肩负着繁重的职责。他不仅要全面主持博物馆的行政工作，确保各项事务的有序进行，还要深入参与收藏与展览业务，负责艺术品的搜集、保护、研究和展示。此外，馆长还需监督图书馆、编辑室、教育活动以及展览项目等多个方面的工作，确保博物馆在学术研究、文化传承和公众教育等方面都能取得卓越的成就。

而总经理这一职位，自1981年起设立，其职责和地位也经历了变化。最初，总经理与馆长平行，共同分担博物馆的管理责任。然而，从1998年开始，总经理开始接受董事会和馆长的双重领导，其职责也更加明确和专注。现在，总经理主要负责管理外部事务，包括与政府机构、合作伙伴和公众的沟通协调，以及博物馆的基本建设、财务、商品销售、法律事务、技术交流、人事管理和内部设施维护等多个方面的工作。这些工作对于博物馆的正常运营和持续发展至关重要，总经理需要确保博物馆在各个方面都能与外部环境保持良好的互动和合作。

值得一提的是，大都会艺术博物馆的收藏与展览业务是其核心工作之一。为了更加专业和系统地管理这一庞大的艺术宝库，博物馆将收藏与展览业务细分为多个部门，如非洲、大洋洲及美洲艺术部、美国艺术部、古代近东部艺术部等。每个部门都拥有专业的团队和丰富的资源，负责对应地区的艺术品搜集、研究、保护和展示工作。这种精细化的管理方式不仅有助于提升博物馆的专业水平和服务质量，还能够更好地满足公众对多元

文化的需求和期待。

此外，每个部门还可以根据实际需要进一步细分为若干分支。例如，亚洲艺术部就可以分为中国、日本、韩国、印度及南亚、东南亚等部分。这种分支机构的设置使得博物馆能够更加深入地研究和展示各个地区的艺术特色和文化内涵，为公众提供更加丰富和深入的艺术体验。同时，这也为博物馆与世界各地的文化机构和个人建立了广泛的合作和交流平台，推动了全球文化的传播和交流。

四、史密森尼研究院的管理体制变革与争议

史密森尼研究院作为美国的重要文化机构，其管理体制历经多次变革，每一次都引发了业界的广泛关注与讨论。在摄政委员会的领导下，研究院设院长一职，全面负责研究院的日常行政工作。而研究院下属的各博物馆则拥有自己的董事会（或顾问委员会），这些董事会在博物馆的运营中主要扮演顾问、咨询及协助筹款等角色，确保博物馆的专业性和自主性。各博物馆的馆长直接向院长汇报工作，并通过院长与摄政委员会保持紧密的联系。

近年来，史密森尼研究院在现任院长劳伦斯·史默的领导下，进行了一次重大的机构调整。这次调整将研究院划分为六大部类，包括院长直属类、科学类、美国博物馆和全国项目类、行政与财务类、国际艺术博物馆类以及商业经营类。这一调整旨在使研究院的组织结构更加清晰、高效，以便更好地适应现代社会的发展需求。

史默院长的到来，不仅带来了新的管理理念和方法，还引入了一批经营管理人员担任要职。这一举措改变了过去业务人员一统天下的局面，使经营管理部门的职权得到了大幅提升。然而，这一变革在全美博物馆界引

发了广泛的争议。一些人认为，新体制使史密森尼研究院更加灵活、高效，更能适应现代社会的挑战；而另一些人则担心，新体制过于强调经营管理，可能会忽视博物馆业务部门的重要性，从而影响博物馆的专业性和服务质量。

事实上，史密森尼研究院对下属各单位的管理体制也经历了多次变化。在20世纪70年代中期以前，研究院采用相对集中的管理体制；而在70年代中期至2000年期间，则转向相对自主的管理体制。如今，在史默院长的领导下，研究院似乎又回到了相对集中的管理体制。这种体制的反复变化也反映了博物馆界对于如何平衡集中管理与自主发展之间的矛盾的持续探索。

对于史密森尼研究院的员工来说，他们对这两种管理体制有着深刻的体会。一些人认为，集中管理体制虽然效率较高，但可能会因为过于强调统一和标准化而忽视了个性和创新，导致工作质量下降；而自主管理体制虽然效率稍差，但能够给予各博物馆更多的自主权和发展空间，有助于提升工作质量和创新能力。然而，如何在实际操作中找到这两种管理体制的平衡点，仍然是摆在史密森尼研究院面前的一大挑战。

五、旧金山亚洲艺术博物馆的独特管理体制

旧金山亚洲艺术博物馆，在众多博物馆中以其独特的管理体制而著称。这种体制的特殊之处在于它融合了官方和非官方的管理元素，形成了一种既相互独立又相互协作的管理模式。

首先，博物馆设立了一个由旧金山市市长任命的18人官方委员会。这个委员会负责博物馆的藏品和建筑管理，确保这些珍贵的艺术品得到妥善的保存和展示。委员会成员由市长精心挑选，他们都是艺术、历史、建筑

等领域的专家，具有丰富的知识和经验。他们的职责是制定和执行有关藏品保护、展览策划、建筑设计等方面的政策和决策，以确保博物馆的专业性和权威性。

其次，博物馆还设立了一个平行的、非官方的80人董事会。这个董事会主要负责管理博物馆的基金和财政事务，确保博物馆有充足的资金支持其运营和发展。董事会的成员来自社会各界，包括企业家、慈善家、艺术爱好者等，他们通过捐款、筹款和投资等方式为博物馆提供经济支持。此外，董事会还负责监督博物馆的财务状况，确保其资金使用合理、透明。

在这种管理体制下，旧金山亚洲艺术博物馆的馆长由18人的官方委员会挑选、任命。馆长作为博物馆的行政首脑，负责全面主持博物馆的日常工作，包括藏品管理、展览策划、教育推广、公共关系等方面。然而，馆长的薪水并非完全由官方委员会承担，而是由官方委员会和非官方的董事会共同负担。这种安排既体现了官方对博物馆工作的重视和支持，也体现了非官方力量对博物馆发展的积极参与和投入。

旧金山亚洲艺术博物馆的这种管理体制虽然特殊，但也具有一定的优势。它既能确保博物馆在藏品保护、展览策划等方面保持专业性和权威性，又能充分利用社会资源为博物馆提供经济支持和发展动力。同时，这种管理体制也有助于博物馆在官方和非官方之间建立起一种良好的合作关系，共同推动博物馆事业的繁荣发展。

第三节 文物管理制度的优化与创新案例分析

一、美国

美国的教育非常注重体验式教育方法的提出与应用，使得这种教育模式在美国教育界得到广泛的普及。美国的课堂教学大多选用体验式教育的方法，通过游戏与学习的相互结合，来提高教学水平。教师在日常教学的过程中对学生进行鼓励和指导，促使学生在学习的过程中提出各种各样的问题，针对问题的本质和原因表达个人的看法和理解，然后以分组的形式在学生之间进行讨论。美国的博物馆成为教师开展教学活动的场所之一，教师们组织学生前往博物馆参观，并从中针对具体的问题展开教学。学生们会根据自身的理解和认知提出不同的问题，通过合作探究对问题的答案进行思考和分析，有助于学生自主思考能力和自主学习能力的培养与提升。

美国的艺术博物馆经常成为教师开展教学活动的场所，教师们会根据学生的认知水平来开发丰富的教育项目，引导学生参与体验式的学习活动，从中有所收获。学生在参与学习体验的过程中，能够形成一定的自主学习能力和自主思考能力。学生在教师的引导下体验学习，并提出新的问题，通过对问题的思考和解答来获得知识和技能。琳达·杜克在研究中表示，博物馆的创建与运营是为了给观众提供学习体验的平台和环境，满足观众的差异化学习需求。

二、英国

英国博物馆目前已经开发设计出许多主题丰富的体验探究式教育项目，并在实践教育中发挥了重要的作用。他们非常关注学生各个方面能力的培养与提升，鼓励学生涉猎不同学科的知识，针对教师和自身提出的问题进行探究，锻炼自身的动手能力，在与其他学生交流的过程中培养交际能力和合作能力，实现自身的全面发展。随着学生能力的提升，对不同学科的知识和技能有了新的兴趣和热情。英国的学生很多情况下都会在博物馆接受教育教学，根据展品的陈列顺序来设计开发一系列的教学课程，无论是教学内容还是教学目标都与时代的发展趋势保持高度的一致，促使学生在不同学习时期都能接受先进的教育服务，为学生的个人发展和成长创建良好的外部环境。

英国学生在上历史课的时候，教师会组织学生前往当地的古城内开展教学活动，通过角色的扮演和情景的模拟来激发学生对历史学习的兴趣和热情，并在学习的过程中提出不同的问题，针对问题的本质和内涵进行探究学习。

三、德国

德国德累斯顿卫生博物馆一直以其创新和引人入胜的展览项目而著称。为了让参观者更深入地理解和感受老年人的生活状态，该博物馆特别开发了一系列富有特色的互动项目，其中，"体验老人"项目尤为引人注目。

在"体验老人"项目中，参观者可以借助各种先进的工具和设备，模拟并感知老年人的生理体验。这些设备可能包括模拟视力下降、听力衰退、行动不便等老年人常见生理状况的装置。通过这些设备，参观者能够身临其境地体验老年人的日常生活，感受他们可能面临的种种挑战和困难。

这种体验式的学习方式不仅让参观者对老年人的生活有了更为直观和深入的了解，还在体验过程中激发了他们浓厚的学习兴趣和强烈的好奇心。许多参观者在体验后表示，他们对老年人的生活状态有了更深的了解和同情，也更加懂得了如何关爱和尊重身边的老人。

对于学生群体而言，类似的互动展项不仅有助于增强他们对展览内容的兴趣和参与度，还能在寓教于乐中培养他们的同理心和关爱他人的品质。同时，这些项目也充分发挥了博物馆的宣传与传播功能，让更多的人了解并关注老年人的生活问题。

总的来说，德国德累斯顿卫生博物馆的"体验老人"等特色互动项目以其独特的设计理念和深刻的教育意义，赢得了广大参观者的一致好评。这些项目不仅丰富了博物馆的展览内容，还为参观者提供了一种全新的、更为深入的学习方式，使他们在体验中收获知识，在感悟中成长。

四、俄罗斯

俄罗斯的博物馆在互动展项的开发与设计上，始终走在创新的前沿。这些互动展项不仅形式新颖、内容丰富，更巧妙地结合了实景与幻灯片，为观众带来了一场场极致的视听盛宴。置身于这样的展览中，观众仿佛被带入了一个全新的世界，每一个感官都得到了充分的满足和享受。而这种沉浸式的体验方式，也让观众在学习的过程中获得了前所未有的良好体验。

值得一提的是，俄罗斯的高校在学前教育专业的设置中，就已经融入了幼儿博物馆教学的专业知识和方法。这意味着，从教育的源头开始，俄罗斯就注重培养学生在博物馆中的学习和体验能力。这样的教育理念，无疑为俄罗斯的博物馆教育事业奠定了坚实的基础。

此外，俄罗斯的博物馆内大多设有教研室。这些教研室不仅负责博物馆日常教学活动的开展和管理，还针对某些课题展开深入的研究和探索。这些研究不仅关乎博物馆自身的发展和创新，更在某种程度上引领着整个教育领域的前进方向。而正是这些项目的开发与应用，有力地推动了俄罗斯博物馆体验探究式教育事业的建设与发展，赋予了博物馆更深远的教育意义。

总的来说，俄罗斯的博物馆通过不断创新和探索，成功地将教育与娱乐相结合，为观众提供了一种全新的学习方式。而这种方式，不仅让观众在享受中获得了知识，更激发了他们对未知世界的探索欲望和好奇心。这无疑是对博物馆教育功能的一种最好诠释，也为我们提供了宝贵的借鉴和启示。

结束语

在深入探讨了现代博物馆文物保护后，我们得以更全面地领略到博物馆与文物的深厚底蕴和不可替代的价值。博物馆作为历史的守护者，不仅收藏着大量珍贵的文物，更承载着传承文化、启迪智慧的重要使命。而每一件文物，都是历史的见证，它们以无声的方式，向我们诉说着过去的辉煌与沉寂。

通过综合阅读，使我们更加明白，保护博物馆与文物，就是保护我们的历史根脉和文化灵魂。这需要我们全社会的共同努力，从加强文物保护法律制度建设，到提升博物馆的展示与教育功能，再到培养公众的文物保护意识，每一个环节都至关重要。

我们也要积极推动博物馆的创新与发展。博物馆不应该仅仅是文物的收藏场所，更应该成为公众学习、体验和感悟文化的重要场所。通过运用现代科技手段，如虚拟现实（VR）、增强现实（AR）等，我们可以打破传统的展示方式，为观众带来更加沉浸式的观展体验，让他们能够更加深刻地感受到文物的魅力。

我们还应加强国际间的文化交流与合作，通过博物馆与文物的展示，让世界更加了解我们的历史文化，同时也让我们有机会接触到更多元的文化元素，从而丰富我们的文化视野，促进不同文明之间的对话与互鉴。

让我们携手并进，以更加开放的心态和更加坚定的信念，共同守护好我们的历史宝藏，传承好我们的文化遗产。让博物馆与文物在新时代焕发出更加绚丽的光彩，为我们子孙后代留下丰厚的历史财富和文化瑰宝。

参考文献

［1］太原市博物馆编著. 博物馆人讲文物［M］. 太原：山西人民出版社，2022.

［2］黄彩霞编著. 文物与博物馆英语［M］. 西安：西安交通大学出版社，2023.

［3］江西省博物馆编著. 江西省博物馆文物精华［M］. 北京：文物出版社，2007.

［4］王鑫. 博物馆文物保护研究［M］. 长春：吉林文史出版社，2023.

［5］赵征. 博物馆馆藏文物保护研究［M］. 长春：吉林摄影出版社，2022.

［6］孟文丽. 文物保护与博物馆展览策略［M］. 长春：时代文艺出版社，2023.

［7］王政莉，李翠芳. 博物馆文物保护研究与利用［M］. 沈阳：万卷出版公司，2021.

［8］康望舒，王霞，康津. 博物馆文化和文物保护研究［M］. 北京：现代出版社，2022.